Jacky Frey

Schau mir in die Augen, Mensch!

Aus dem Leben einer
huskyverrückten Familie

Dieses Buch ist nach der Schweizer Rechtschreibung verfasst.

5. Auflage 2018, 1. Auflage 2005

Das Werk einschließlich aller seiner Teile ist urheberrechtlich geschützt.
Jede Verwertung außerhalb der engen Grenzen des Urheberrechtsgesetzes ist ohne schriftliche Zustimmung der Autorin unzulässig und strafbar. Das gilt insbesondere für Vervielfältigungen, Übersetzungen, Mikroverfilmungen und die Einspeicherung und Verarbeitung in elektronischen Systemen.

Ein Blick aus blauen Huskyaugen ist unwiderstehlich! Diese Erfahrung machte auch die Autorin, deren Leben sich grundlegend änderte, nachdem ihr ein Husky unversehens tief in die Augen geschaut hatte. Für sie steht fest: diese Hunde haben geradezu magische Fähigkeiten! In den bunten, mal komischen und mal traurigen oder lehrreichen Geschichten einer "Huskyfrau" und der allmählichen Eroberung ihrer Familie durch ein ganzes Hunderudel wird sich manch einer wiedererkennen, der bereits der Faszination Schlittenhunde erlegen ist oder der noch von knirschenden Kufen im Schnee hinter einem Huskygespann träumt. Passen Sie auf, wenn Sie das nächste Mal ein Husky anschaut! Die Folgen für Ihr bisher geordnetes Leben könnten unübersehbar sein!

Inhaltsverzeichnis

Ein paar Worte vorweg	2
Blaue Augen auf dem Jungfraujoch	3
Der kaffeetrinkende Husky	5
Der Kumpel entdeckt die Hühner	7
Der Balkonhund	9
Iron Will oder der Traum von einem weissen Husky Der	11
Schlangenhusky	14
Wir kaufen das Nachbarhaus	16
Einstein	17
Ein Gedicht	19
Der Huskyvirus schlägt endgültig zu	20
Massaker im Hühnerhof	22
Husky Nr. 4 …	24
Herzkrank, oder: Schau mir in die Augen!	26
Schlittenhundetrails	28
Sommerpause	30
Eine neue Ausbildung beginnt	32
Die Abstammung des Hundes	34
Rasputin im dunklen Wald	46
Geschichten auf dem Huskytrail	50
Tierpsychologie	56
Eine Vision	58
Wann ist ein Musher traurig?	60
Huskylodge	62
Der Jahrhundertsommer	65
Rezept: Käsesnack	68
Homöopathie für meine Hunde	69
Endlich wird es wieder Herbst	72
Tierisch gute Gespräche	75
Schnee, soweit das Auge reicht	77
Sabotage?	80
Nicht nur schlechte Erlebnisse!	82
Sirius und Sokrates	83
Bonuskapitel: Gesundehundeernährung	85
Anhang	93

Ein Paar Worte vorweg

Die Freude am Schreiben begleitet mich seit der Kindheit und somit natürlich auch der Wunsch, einmal ein »eigenes« Buch zu veröffentlichen. Unzählige Kindergeschichten habe ich meinen Mädchen geschrieben und mit Gedichten viele Briefe verziert. Mit meinen Huskygeschichten möchte ich nun den Lesern den nordischen Hund mit all seinen Vor- und Nachteilen näher bringen.

Es liegt mir sehr viel daran, dass der ursprüngliche Schlittenhund als »Naturerbe« erhalten bleibt und nicht als Modehund schlussendlich im Tierheim endet oder durch Kreuzungen zu Rennmaschinen verunstaltet wird.

Mir haben diese Hunde den Horizont erweitert, die Natur näher gebracht und mitgeholfen, meinen Traumberuf zu finden.

> **»Danke«**
> *ist schnell einmal gesagt. Viele denken sich dazu nicht einmal etwas.*
> *Wenn ich es sage, kommt es aus tiefstem Herzen.*
> *Beat, du bist der beste Ehemann den es gibt, denn du lässt mir den nötigen Freiraum, den ich brauche und finanzierst mir den Schlittenhundesport, auch wenn du diese Leidenschaft nicht immer verstehen kannst.*
> *Larissa und Samira, ihr seid mein Sonnenschein und gebt mir die nötige Kraft. Ich freue mich immer, wenn ihr mich bei den Trainings begleitet.*
> *Vreni und Fritz, als Doghandler und Hundesitter seid ihr Spitze! Den grössten Dank möchte ich meinen Hunden aussprechen, denn sie sind meine stetigen Lehrer, danke Stavros, Phönix, Timo, Waiko, Whisky, Polaris, Sirius und Sokrates. Hoffentlich können wir noch viele gemeinsame Jahre zusammen verbringen!*
>
> *Ich liebe euch alle!*

Blaue Augen auf dem Jungfraujoch

Ein prächtiger Sommertag weckte mich am frühen Morgen, begleitet von fröhlichem Vogelgesang. Auch unser Hahn Sebastian krähte seinen Morgengruss schon durch das ganze Quartier und die Enten schnatterten eifrig um die Wette. Wunderschön, ein solches Erwachen! Die Sorgen im Kopf machten Pause, und die Kinder schliefen noch ganz still und friedlich in ihren Betten.

Die Sonnenstrahlen schauten vorwitzig durch die Fenster und kitzelten meine Nase. Auf dem nachbarlichen Bauernhof herrschte emsiges Treiben und die Kuhglocken bimmelten im Takt. Ein warmes Lüftchen huschte mir über das Gesicht und nachdem die dicken Vorhänge endlich gezogen waren, begrüsste mich das einmalige Panorama der Berner Alpen.

Ein solcher Morgen bestätigte mir immer aufs Neue, dass ich in einer wunderschönen Landschaft wohne. Tagtäglich wird mir geboten, wofür andere Leute teures Feriengeld bezahlen müssen. Thun, die Stadt der Alpen mit ihren Pflastersteingassen und den alten, schmucken Häusern, dem majestätischen Schloss aus der Kyburgzeit und der barocken Kirche, die sich hoch über die Stadt erhebt. Wöchentlich herrscht im kleinen Städtchen ein farbiges Markttreiben. Mit wenig Fantasie können sich die Besucher ins letzte Jahrhundert zurück versetzen lassen. Irgendwie scheint in Thun das Rad der Zeit ein wenig stehen geblieben zu sein.

Der Thuner- und der Brienzersee sind immer wieder beliebte Anziehungspunkte mit ihrem klaren, sauberen und tiefblauen Wasser, das zum Baden einlädt. Gemütliche Raddampfer durchqueren diese Gewässer und das Ganze wird umrahmt von der prächtigen Bergkette der Berner Alpen. Seit der berühmte Schriftsteller und Ausserirdischenforscher Erich von Däniken in Interlaken seinen Traum vom Mysterypark verwirklichen konnte, können Einheimische und Gäste sogar das Staunen und Träumen wieder neu erlernen.

Dieser Tag schien wie gemacht für einen Familienausflug. Die Rucksäcke wurden gepackt und per Auto und Bahn ging es ab in die Berge. Wir standen alle noch nie auf dem Jungfraujoch, dem Berg der Berge, auf den jedes Jahr Tausende von Japanern hinauffahren, um Fotos zu schiessen und die Aussicht zu geniessen.

Von Lauterbrunnen aus führte uns eine gemütliche Bahnfahrt direkt zum Gipfel. Herrlich, imposant! Obwohl wir in der Region aufgewachsen sind, konnten wir uns kaum satt sehen. Diese Berge, Gletscher, Eisgrotten, der glitzernde Schnee, das märchenhafte Panorama – und all das unter einem stahlblauen Himmel.

Die Stunden vergingen wie im Fluge und am Abend stieg unsere Familie wieder in die Bahn. Die Rucksäcke waren wesentlich leichter als am Morgen, dafür die Köpfe gefüllt mit unvergesslichen Eindrücken. Ein grosses Gedränge und emsiges Treiben herrschte in der Eisenbahn. Viele Leute suchten sich einen Sitzplatz. Meine Familie sass zusammengepfercht in einem Abteil. Ich war natürlich wie immer zu langsam, oder vielleicht zu anständig, um mich nach vorne zu drängeln: Mir blieb nur ein Stehplatz im Gang. Langsam setzte sich die Zahnradbahn in Bewegung. Was war denn das? Da schaute mich doch jemand ununterbrochen an, das spürte ich! Woher kamen diese Blicke? Mir gegenüber stand ein älterer Herr, braungebrannt mit schneeweissen Haaren. In seinen Händen hielt er eine Leine und an dessen Ende befanden sich die gesuchten Augen. Diese blauen, leuchtenden Augen gehörten einem silbergrauen Husky. Ich konnte einfach nicht aufhören, dieses wunderbare Wesen zu bestaunen. Der Hund fand das total lustig und wollte nun auch noch gekrault werden. Rasch kam ich mit dem netten Herrn ins Gespräch. Er erzählte mir, dass er seit ein paar Jahren pensioniert sei und während des Sommers zweimal wöchentlich auf das Jungfraujoch hinauffahre, damit sein vierbeiniger Freund im Schnee spielen könne. Der Mann und sein Schlittenhund schienen ein Herz und eine Seele zu sein! Gerne hätte ich mich noch weiter unterhalten, aber die Bahnfahrt war schnell zu Ende und ich musste mich von den beiden verabschieden.

Diese Begegnung hinterliess bei mir einen mächtigen Eindruck. Ja, es war noch viel mehr, nämlich ein richtiges Schlüsselerlebnis. Es sollte mein weiteres Leben prägen und wesentlich beeinflussen. Wieder zu Hause angekommen, kreiste die Huskyerinnerung noch lange in meinem Kopf. Mir war klar, sobald meine Kinder etwas grösser sein würden, wollte ich mir auch ein so blauäugiges Knäuel anschaffen.

DER KAFFEETRINKENDE HUSKY

In der Zwischenzeit waren ein paar Jahre vergangen, meine Kinder besuchten beide die Schule und der Ehemann hatte sich zu einem gestressten Manager entwickelt. Ich plagte mich mit Alltagssorgen, Haushalt und Garten ab. Mit Katzen, Hühnern, Enten, Gänsen und Kaninchen war unsere Familie erweitert worden. Aber stolze Huskybesitzerin war ich leider immer noch nicht. Wöchentlich las ich die Zeitschrift »Tierwelt« und stiess dort eines Tages auf folgendes Inserat: »Junge Huskies in verschiedenen Farben mit blauen Augen, aus Ungarn, zu verkaufen.« Wie ein Blitz aus heiterem Himmel trafen mich diese Zeilen. Schnell der Griff zum Telefon und der Kauf entstand. Der Abholtermin wurde gleich abgemacht. Hoffentlich war ich da nicht zu voreilig, denn mein Mann wusste noch gar nichts von seinem Glück! Ein hartes Stück Arbeit stand mir da bevor! Der Göttergatte fiel fast aus allen Wolken. Glücklicherweise bekam ich jedoch Hilfe von meinen Kindern und somit war die Sache schnell geritzt.

Bevor der nordische Freund bei uns einzog, kaufte ich bergeweise Bücher über Huskies und den Schlittenhundesport und telefonierte mit einem Schweizer Züchter, um genauere Angaben zu bekommen. Da wurde mir bald klar, dass es Probleme mit einem Hund aus Ungarn geben könnte, von wegen Papiere, ungesunde Tiere und und und ...

Ich liess trotzdem keine Panik aufkommen. Die Entscheidung fiel zwar im Bauch und nicht im Kopf, aber schliesslich hatte ich mit dieser Art des Entschlüssefassens bis jetzt noch nie schlechte Erfahrungen gemacht.

Anfang Oktober war es dann soweit. Ich fuhr zusammen mit meinen Kindern nach Zürich, um dieses Wunderding abzuholen. Wir trafen den Hundehändler in einer schäbigen Wohnung – ich fühlte mich gar nicht wohl bei der Sache. Der Mann, ein Palästinenser, sprach kaum deutsch. Seine Ehefrau stammte aus der Schweiz und führte uns die Hunde vor, die bei unserer Ankunft im Badezimmer eingeschlossen waren. Eine lustige Bande von sechs Huskies sprang durch die kleine Wohnung. Ein ganz kecker Hund landete auf dem Sofa und begann sofort, aus der Kaffeetasse Kaffee zu trinken. Ein kaffeetrinkender Husky! Ein ziemlich lustiger Anblick – und dann noch diese Farbe, irgendetwas zwischen rot und braun. Eigentlich sah der Bursche eher aus wie ein Fuchs. Für uns drei Frauen war klar: Der und kein anderer. Gold Finger lautete sein Name. Na ja, gewöhnungsbedürftig für einen nordischen Hund. Trotz des mulmigen Gefühls in der Magengegend wurden wir uns rasch einig und Gold Finger, ein Sack Futter und der Impfausweis kamen mit nach Hause.

Meine ältere Tochter entschied, dass Gold Finger nicht der richtige Name sei und so wurde unser pelziger Freund auf Stavros umgetauft. Dieser griechische Name passte viel besser zu unserem rotbraunen Husky-Rüden, denn er versprühte so viel Charme! Der Husky fühlte sich sofort bei uns heimisch und galt von Anfang an als neues Familienmitglied. Oh Wunder, die Hundepapiere waren sogar vollständig und deshalb konnte Stavros, trotz der anfänglichen Befürchtungen doch noch ins schweizerische Hundestammbuch eingetragen werden: Er wurde sozusagen als Schweizer eingebürgert.

Stavros entwickelte sich zum Bilderbuchhusky. Seine Erscheinung erntet überall helle Begeisterung und für ein Fotoshooting ist er immer zu haben.

Unser Kumpel entdeckt die Hühner

Mein Leben bekam mit Stavros plötzlich eine sportliche Wende: Viel Spazieren und Joggen war nun angesagt. Auch hielt ich schon insgeheim Ausschau nach einem kleinen Schlitten und einer geeigneten Vorrichtung für das Fahrradtraining, denn wo ein Schlittenhund ist, da ist auch ein Schlitten nicht weit ...

Selbstverständlich wurde auch eine Hundeschule besucht, denn aus den Büchern wusste ich bereits, dass ein Leben mit den Huskies auch Unangenehmes mit sich bringen könnte. Der Hundekurs war jedoch ein einziger Frust. Nein, nicht wegen Stavros, sondern wegen der Hundetrainerin! Diese war schon zu Beginn des Kurses der festen Meinung, alle Schlittenhunde seien unerziehbar. Tolle Voraussetzungen, um einen wirklichen Erfolg zu erreichen. Nach der Hälfte der Kurstage gab ich deshalb gefrustet und verärgert auf. Meine neue Devise lautete »Selbst ist die Frau!« und ab sofort nahm ich die Hundeerziehungsfrage in meine Hände. Voller Elan und Zuversicht ging ich diese verantwortungsbewusste Aufgabe an. Als unerfahrene Huskybesitzerin glaubte ich zu diesem Zeitpunkt noch, dass jeder Husky auch ab und zu frei laufen könnte. Der Gehorsam von Stavros war sehr gut. Allerdings hatte er die Angewohnheit, sämtliche Leute, die er unterwegs traf, abzuknutschen. Eines schönen Sonntagmorgens sauste Stavros auf einem ausgedehnten Spaziergang wieder wie von einer Biene gestochen ab in Richtung einer kleinen Holzhütte. Rasch war er aus meinem Blickwinkel verschwunden und ich spurtete so schnell wie möglich hinterher. Endlich am Ziel angekommen, sah ich ein hölzernes Bänklein, auf dem ein altes Ehepaar sass und die Aussicht genoss. Diese wurde ihnen leider gerade genommen, denn mein Husky hatte es sich auf dem Schoss des alten Herrn schon bequem gemacht und schlabberte ihm dazu genüsslich das ganze Gesicht ab. Oh je, wie war das peinlich! Der Mann beruhigte mich jedoch und sprach: »Gute Frau, regen Sie sich doch nicht so auf, der Hund konnte ja nicht wissen, dass ich heute morgen schon geduscht habe!« Welch ein Humor! Die Frau wandte sich dann mir zu und meinte: »Aber schauen Sie mal, wie meine schöne, weisse Sonntagsbluse jetzt aussieht, so kann ich doch unmöglich in die Kirche.« Ui, sofort entschuldigen und ab mit meinem Hund lautete da die Devise, denn Kleider waschen und bügeln liebe ich überhaupt nicht!

Allmorgendlich gab es in unserem eigenen Hühnerhof noch ein besonderes Spektakel für die neugierigen Nachbarn. Schliesslich wollte ich meinen Husky auch an freilaufende Hühner gewöhnen und unternahm deshalb im Hühnerhof an kurzer Leine täglich einen kleinen Spaziergang. Ich erhoffte mir damit, dass sich Stavros an die Hühner gewöhnen würde und er so gar nie auf die Idee kommen würde, das Federvieh zu jagen. Eigentlich lief alles gut. Bis zu dem Tag, an dem mein Pelzfreund zum ersten Mal frei herumlaufende Hühner bei einem Bauernhaus entdeckte. Diesen Anblick vergesse ich nie! Wie eine Rakete startete Stavros und landete mit einem schnellen Spurt mitten in den Hühnern.

Fazit: Zwei Hühner und ein Hahn tot und mein Hund kam mit eingezogenem Schwanz und hängendem Kopf wieder zurück ...

Der Bauer hingegen hatte überhaupt keine Freude an mir und dem Hund. Er brüllte mir nicht nur seine Wut ins Gesicht, sondern auch eine gewaltige Alkoholfahne. Wir konnten uns trotzdem einigen, dass ich ihm die Hühner mit jungen Hühnern aus meinem Hühnerhof ersetzen würde. Einen neuen Hahn wollte er sich hingegen selbst besorgen und mir dann die Rechnung schicken. Diese kam auch einige Tage später, und zwar mit folgendem Text: »Rechnung für einen Hahn schweren Schlages, Fr. 100.-«. Was unter einem Hahn »schweren Schlages« zu verstehen ist, weiss ich bis heute noch nicht. Klar war mir aber, dass ein Hahn für Fr. 100.- bestimmt goldbesetzte Flügel besitzen musste! Lieber Stavros, wenn schon Hühnchen auf deinem Speiseplan stehen muss, dann besuche doch bitte beim nächsten Mal einen nüchternen Bauern!

DER BALKONHUND

Unterdessen war Stavros schon wieder ein paar Monate älter geworden und hatte sich zu einem wunderprächtigen Husky entwickelt. Auch seine Kraft hatte extrem zugelegt und ich musste mir ein neues, stabiles Mountainbike kaufen, denn mein altes Fahrrad war den Huskykräften schon längstens nicht mehr gewachsen.

An dem konnte ich nun eine spezielle Stange befestigen, an der die Leine mit Rückdämpfer angebracht wurde. Die Dorfbewohner hatten sich nun schon an Stavros, mich und die täglichen Ausflüge über Stock und Stein durch das ganze Dorf, über die Wanderwege und durch die Wälder gewöhnt.

Eines Tages sah ich schon von weitem auf einem Hausbalkon einen Berner Sennenhund, der sich fast die Lunge aus dem Leib bellte. »Bell du nur« dachte ich mir, »du bist überhaupt kein Problem für uns!« Kaum befand ich mich auf gleicher Höhe, nahm das übergewichtige Tier Anlauf, sprang über die Balkonbrüstung und landete aus etwa drei Metern Höhe direkt vor meinem Stavros auf der Strasse. Schreck lasse nach, das darf doch nicht wahr sein! Dieser Hund hatte eine Aggression entwickelt, wie ich sie in meinem ganzen Leben noch nie gesehen habe. Nach der Landung stürzte sich das wuchtige Tier auf meinen armen Huskybuben. Zur gleichen Zeit öffnete sich die Haustüre und eine alte Frau sprang auf die Strasse. Ganz ausser Atem landete sie auch noch auf den kämpfenden Hunden.

War das ein Knäuel, zwei Frauen, ein Fahrrad und zwei ineinander verbissene Hunde mitten auf der Landstrasse. Irgendwie brachten wir die Streithähne auseinander und ich konnte endlich mein zweirädiges Vehikel an einem Baum befestigen. Wie durch ein Wunder hatte sich bei diesem Zwischenfall niemand verletzt. Ich nahm meinen ganzen Mut zusammen und brachte das springende, keuchende, bellende und beissende Ungeheuer auf vier Pfoten wieder zum Haus zurück. Dann versuchte ich, mich um die alte Frau zu kümmern, die in der Zwischenzeit in Tränen ausgebrochen war und mir erklärte, dass dies ein böser Hund aus dem Tierheim sei, sie ihn aber über alles liebe. Er sei das einzige, was sie auf dieser Welt noch besässe und ihre grösste Sorge sei, dass ihr jemand dieses Tier wegnehmen würde. Ich beruhigte die Frau und versprach ihr, dass diese Angelegenheit unter uns bleiben würde und ich zu niemandem ein Wort darüber verlieren würde. Wie es ist, wenn man so sehr an seinem Hund hängt, wusste ich schliesslich selbst nur zu genau!

Stavros hatte auch wirklich keinen einzigen Kratzer abbekommen und die krumme Lenkstange am Fahrrad war rasch wieder in die richtige Richtung gebogen. Jetzt konnte das Training weitergehen!

Schlechte Ereignisse während des Trainings hinterlassen bei den betroffenen Hunden oft einen Unmut und man hat Mühe, die Tiere für weitere Trainings zu begeistern. Über positive Erlebnisse kann sich der Schlittenhund stetig entwickeln.

Zum Glück konnte Stavros diese Geschichte einfach vergessen. Er zeigte weiterhin eine grosse Begeisterung bei unseren gemeinsamen Ausfahrten.

Iron Will oder der Traum vom weissen Husky

Zum Glück bekam auch mein Ehemann Freude an unserem sportlichen Freund im Pelzmantel und nahm Stavros regelmässig mit zum Joggen.

Eines Tages schenkte er mir den Film »Iron Will«. Nicht genug konnte ich ihn mir anschauen, denn diese spannende Geschichte und vor allem der weisse Husky hatten es mir sehr angetan.

Schon wieder kam ich ins Träumen! Wie wäre es doch wunderbar, wenn Stavros einen Huskyfreund hätte und wir dann mit zwei Hunden vielleicht schon richtig Schlittenfahren könnten. Sachte suchte ich diesbezüglich das Gespräch mit meiner Familie. Helle Begeisterung bei den Kindern, Frust total bei meiner besseren Hälfte, denn er hatte nämlich schon bei einem Husky das Gefühl, langsam, aber sicher zu kurz zu kommen.

Obschon ich die Einwilligung meines Gatten noch nicht hatte, streckte ich schon mal meine Fühler aus und liess mich bei einem Züchter auf die Warteliste setzen. Ganz euphorisch bin ich zu diesem Zeitpunkt auch dem Schweizerischen Schlittenhundesport Klub beigetreten, schliesslich wäre man (frau) mit zwei Huskies schon fast richtig dabei.

Ganz taktisch wurde nun der Ehemann bearbeitet, bis die Einwilligung kam. Zwar widerwillig, aber sie kam! Im kommenden September hatte dann beim Züchter der ersehnte Nachwuchs das Licht der Welt erblickt. Leider hatte eine Viruserkrankung zugeschlagen. Nur zwei Welpen wurden lebend geborgen, zwei Rüden – und einer davon schneeweiss! Das konnte doch nur ein gutgemeintes Schicksal sein. Drei Wochen später durften wir den Kleinen zum ersten Mal besuchen. Es gelang uns, den Züchter zu überzeugen, dass wir genau die richtigen Adoptiveltern für »Phönix« wären. Wir bekamen seine Zusage und fuhren überglücklich nach Hause. Alle zwei Wochen nahmen wir nun den Weg von 250 km in Angriff, um unseren Phönix zu besuchen. Am fünften Dezember war es endlich soweit und wir durften das weisse Knäuel mit einem blauen und einem braunen Auge mit nach Hause nehmen.

Zuerst nahm Stavros von seinem zukünftigen Spiel- und Sportkameraden überhaupt keine Notiz. Danach begann Phase zwei: Wie drücke ich meinen Ärger aus, damit man mich auch wirklich versteht? Stavros kam drei Tage lang nicht mehr aus seiner Hütte und verweigerte jeden Spaziergang. Darauf wurde drei Tage lang kein Futter gefressen. Nach sechs Tagen begrüsste er dann endlich Phönix nach richtiger Hundemanier und liess ihn sogar in seine Hütte einziehen. Das Eis war gebrochen und eine tolle Freundschaft begann! Wie eine Mutter beschützte er den Neuankömmling nun und liess ihn nicht mehr aus den Augen.

In der Zwischenzeit kaufte ich einen hölzernen Okkasionshundeschlitten und konnte es kaum erwarten, meinen Stavros endlich einzuspannen und das erste Mal auf den Kufen zu stehen. Für Phönix hatte ich mir eine extra Hundetasche nähen lassen, damit ich mir dann bei den Ausflügen den kleinen Racker an den Rücken schnallen und er bei den ersten Schlittenfahrversuchen dabei sein konnte. Dachte ich! Haha, wer glaubt, dass dies funktionieren würde, der kennt die echten Racehuskies nicht! Phönix benahm sich in dieser Tasche schon fast lebensgefährlich und es blieb mir nichts anderes übrig, als ihn wieder auszupacken und neben dem Schlitten her rennen zu lassen. Aber was heisst da nachrennen, dieser Hund war schon von klein auf ein richtiges Rennwunder und konnte das Tempo von Stavros locker mithalten.

Mein Traumhund aus dem Film »Iron Will« wurde Wirklichkeit!

Die ersten Schlittenfahrkünste waren ein spannendes Erlebnis für mich. Das Minigespann fuhr noch sehr gemütlich durch die Winterlandschaft, aber es fuhr!

Das Rennen und Schlittenziehen liegt den Huskies einfach im Blut. Ich hatte viel darüber gelesen, wie der Mensch aus dem Husky einen Schlittenhund macht, oder besser gesagt ihn trainiert. Da stösst man auf Vorschläge wie Autoreifen zur Vorbereitung hinterherziehen lassen und ähnliches. Ich kenne allerdings keinen einzigen Musher, so heissen ja die Schlittenhundler im Fachjargon, der dies auch wirklich machen musste. Mein Stavros lief, und sobald er spürte, dass er ziehen durfte, tat er das mit einer riesigen Begeisterung.

Auch das Beibringen der Kommandos »links«, »rechts«, »stopp«, »go« oder »wenden« klappte hervorragend, es benötigte einfach nur Zeit, Geduld und viel Liebe. Ich erteilte den Befehl und wurde dieser korrekt ausgeführt, dann folgte ein überschwängliches Lob. Wenn nicht, dann stand ich auf der Schlittenbremse und wiederholte den Befehl in ruhigem Ton so oft, bis der richtige Weg eingeschlagen wurde. Hunde sind intelligente Wesen und lernen sehr schnell, zudem wollen Huskies rennen und schon das Abbremsen bedeutet für sie eine Strafe.

Auch später, als ich mein Team vergrösserte, hatte ich nie Probleme, denn ein unerfahrener Hund wird im Gespann neben einen Profi gestellt und er lernt somit alles von seinem Gespannnachbarn. Viel dazu gelernt habe ich auch auf Rennplätzen, auf denen ich mich mit offenen Augen und Ohren eingehend umschaute. Per E-mail schrieb ich Musher in der ganzen Welt an und siehe da, von den meisten bekam ich sogar eine Antwort, Poster, Tipps und vieles mehr zugeschickt. Die Musher schienen auf der ganzen Welt eine echte Gemeinde zu sein! Damit ich diese E-Mail-Kontakte auch rege aufrechterhalten konnte, musste ich meine Englischkenntnisse auf Vordermann bringen. Das ist natürlich auch als ein positiver Nebeneffekt zu werten.

Der Zufall wollte es, dass ich an einer Kunstausstellung des Wildlifemalers Jon van Zyle aus Alaska die Mutter des berühmten Mushers Martin Buser persönlich kennen lernen durfte und seither mit dieser liebenswürdigen Dame regelmässig in Kontakt stehe.

Der Schlangenhusky

Phönix entwickelte sich zu einem unheimlichen Energiebündel und wollte von klein auf gefordert werden. Rasch hatte er sich auch den Job als »Manager im Unsinnmachen« unter den Nagel gerissen, eine Stellung im Rudel, die er bis heute behalten konnte. Jeden Tag beglückte uns Phönix mit neuen Überraschungen!

Zudem litt unser weisser Junior täglich an Durchfall. Leiden ist zwar übertrieben, denn er hatte ihn einfach und es schien ihn nicht sonderlich zu stören. Wir konnten uns den Grund für diese Unpässlichkeit nicht erklären, zumal er ja wirklich nur Hundefutter bekam.

Auch ein Gang zum Tierarzt brachte nichts zum Vorschein. Beim Entsorgen des Hundekotes sah ich dann eines Tages, dass sich im Kot Hühnerkörner befanden. Wie kam denn das? Von nun an setzte ich mich auf die Lauer, um der Sache endlich auf den Grund zu gehen.

In unserem Garten steht ein hübsches Gartenhaus, in dem wir den Futtervorrat für die Hühner und Kaninchen deponierten. In dessen Tür war das Katzentörli angebracht, das vom Kater Peter Pan eifrig benutzt wurde, denn im Innern wimmelte es oft nur so von Mäusen.

Phönix war beweglich wie eine Schlange und ich traute meinen Augen kaum, als ich sah, wie dieses weisse Knäuel sich durch das Katzentor hindurch schlängelte. Dort frass er dann jeweils genüsslich am Hühnerfutter. Jetzt wurde mir so einiges klar!

Hammer, Nägel und Holz mussten her und das Katzentor wurde für immer geschlossen. Der Kater bekam auf der Rückseite des Hauses einen neuen Eingang und Phönix hatte von da an keinen Durchfall mehr.

Doch irgendwie scheint Hühnerfutter süchtig zu machen, und da das Eindringen zum Futterdepot unmöglich geworden war, versuchte es Phönix nun direkt beim Hühnerhof. Eines Nachts wurden wir durch ein schreckliches Wimmern geweckt und fanden Phönix am Halsband aufgehängt beim Hühnertor. Nur noch eine Pfote berührte den Boden. Ziemlich unangenehm für unseren Freund! Dieses Erlebnis war jedoch für ihn sehr heilsam, denn seine Lust auf Hühnerkörner war ihm ein für allemal vergangen.

Dann aber überraschte Phönix uns mit neuen Tricks, denn jetzt wurde das Stehlen aktuell. Seine Spezialität war der Sonntagszopf. Wo wir ihn auch hinstellten, er fand ihn meistens! Oft sahen wir dann den Schlingel nur noch von hinten mit dem ganzen Zopf im Fang abmarschieren. Butterzopf ist übrigens auch noch heute seine absolute Lieblingsspeise.

Als der Sommer in diesem Jahr langsam zu Ende ging, versuchte ich, aus Phönix den idealen Leithund zu machen. Dazu hatten wir uns ein spezielles Fahrradtraining ausgedacht, bei dem die Befehle fleissig geübt wurden. Die Erfolge hielten sich jedoch in Grenzen, denn Phönix gab mir ganz deutlich zu verstehen, dass es viel Interessanteres in einem Huskyleben gab als das stetige Gehorchen! Und wozu immer links oder rechts abbiegen, wenn doch der kühlende Bach geradeaus zu erreichen wäre!?

An diesem schönen Herbsttag setzte Phönix zum Spurt geradeaus über die Felder an. Mein Velo hüpfte wie ein Känguruh über die Grasbüschel. Sämtliches Zurufen wurde überhört. Dann folgte meinerseits ein Salto über die Lenkstange und ich landete mitten im Bach, neben dem badenden Husky!

Nicht einmal dort nahm mich mein Hund wahr, der genoss seelenruhig das kühlende Nass, während sich in meinen Knochen schon langsam die Kälte ausdehnte.

Ich konnte nicht schimpfen mit meinem weissen Freund, denn das ist Phönix wie er leibt und lebt!

In den nächsten paar Tagen war gar nicht daran zu denken, ein erneutes Training zu wagen. Phönix litt dann aber an einer furchtbaren Magen-Darmerkrankung und kein Hausmittelchen zeigte Wirkung. Als ich meinen schlappen Freund dem Tierarzt vorführte, meinte dieser, das sähe schon eher nach einer Vergiftung aus. Nach einer Infusion schien es ihm stetig besser zu gehen und wir fuhren wieder nach Hause. Am Abend suchten wir den ganzen Garten ab und fanden auch die Quelle des Unheils: Dieses Mal hatte sich Phönix mit unreifen Holunderbeeren den Bauch voll geschlagen.

Wir kaufen das Nachbarhaus

Unseren direkt angrenzenden Nachbarn wurde das Terrain zu gross. Sie kamen langsam in ein Alter, wo gesundheitliche Probleme den Alltag bestimmten. Der Garten war nur noch eine Last. Eines Tages teilten sie uns dann mit, dass sie das Haus verkaufen möchten und auf der Suche nach einem geeignetem Käufer wären.

Für uns war das ein grosser Schock, denn sie waren uns wirklich sehr ans Herz gewachsen und ausserdem waren sie gegenüber unseren Tieren stets freundlich gesinnt gewesen. Bald plagten mich schon die schlimmsten Alpträume: Wer wird dort wohl einziehen? Was wird geschehen, wenn unser Hahn frühmorgens seine Stimme erklingen lässt? Werden sich diese Leute ärgern, wenn die Huskies im Garten ihr Wolfsgeheul loslassen? Vieles habe ich schon gelesen über Musher, die aus nachbarlichen Gründen wegziehen mussten, um endlich wieder in Frieden leben zu können. Sollte uns nun das gleiche Schicksal erwarten? Stundenlange Familiendiskussionen folgten. Dann kam die erlösende Idee, dass wir doch diese Liegenschaft kaufen könnten, um dann selbst einen passenden Mieter zu suchen. Unsere Nachbarn hatten wohl insgeheim auf diese Lösung gehofft, denn sie zeigten helle Begeisterung.

Sie wussten genau, dass ihnen so viel Arbeit erspart bleiben würde und dass wir in ihrem Sinn und Geiste zu diesem Haus und Garten schauen würden.

Ein paar Wochen später waren wir die stolzen Besitzer der Nachbarliegenschaft. Sogleich liess ich in der Tagespresse ein lustiges Inserat erscheinen, in dem vor allem Familien mit Kindern und Haustieren angesprochen wurden. Ein gewaltiges Echo folgte und wir hätten x Mietverträge abschliessen können!

Seit sechs Jahren lebt nun eine Familie mit zwei Kindern und vielen Tieren in unserem neuen Haus und alle sind glücklich und zufrieden.

»Einstein«

Mit zwei ziemlich oft nassen Huskies hielt nun auch der Huskymief Einzug in unser Auto. Zudem freute sich mein Ehemann überhaupt nicht, jeden Tag eine Menge Hundehaare von seinen Anzügen entfernen zu müssen. Die nächste Investition stand also vor der Tür: Wir benötigten dringend einen Hundetransporter! Die Suche nach einem Huskyanhänger lief schon bald auf Hochtouren. Möglichst ein kleines, handliches und noch zahlbares Modell war gefragt. Ein Schweizer Anhänger mit drei Doppelboxen löste schlussendlich diese Frage. Nachdem dann noch eine Seilwinde montiert wurde, um den Trainingswagen zu hieven, konnte der Spass so richtig losgehen.

Eine sehr intensive Trainingszeit begann. Bald stellte sich heraus, dass zwei Huskies für vier Personen einfach zu wenig Hunde waren. Da unser Hundetransporter drei Doppelboxen führte, war die Versuchung, das Rudel erneut zu vergrössern, riesig.

Mein Mann hielt die samtweiche Anfrage für einen absoluten Witz und meinte nur: »Mach doch, was du willst!« Hurra, gleich am nächsten Tag führte ich ein Telefongespräch mit dem Züchter. Er machte mir ein Angebot für einen sieben Monate alten Husky, der vom angestammten Platz wieder zurückgenommen wurde, weil die Menschen mit dem Hund nicht zurechtkamen. Am nächsten Tag fuhr ich mit den Kindern los und – was soll ich sagen – wir brachten Timo kurzerhand gleich mit nach Hause. Mein Gatte bekam schier einen Anfall, gefolgt von einem schockähnlichen Zustand! Er hatte diese Sache wirklich für einen Witz gehalten und nur spasseshalber eingewilligt. Mit einem Musher spasst man doch nicht!

Timo aber eroberte nicht nur die Herzen von Stavros und Phönix, sondern auch das meines Ehemannes. Der verschmuste, etwas nervöse Husky passte wunderbar in unsere Familie und ins Huskyteam. Schon bald konnte er beim Training mitlaufen und wir waren alle überzeugt, dass dieser Hund der geborene Leithund war. Bei dieser zusätzlichen Powermaschine kam aber unser Dreiradtrainingswagen ganz schön ins Schwitzen und Schwanken und die schnellen Fahrten waren schon fast zirkusreif oder endeten im Strassengraben.

Da musste dringend etwas Sichereres her und zum Glück wurden wir auch rasch fündig. Der neue Trainingswagen mit vier Rädern und einem Passagiersitz war so genial, dass wir ihn gleich »Einstein« nannten.

Einstein wiegt 75 Kilo und liegt ganz tief. Somit kann er fast wie ein Schlitten gefahren werden. Neben dem Training im Gespann wird bei uns auch jeder Husky einzeln trainiert. Somit sorge ich für meine Fitness und die Hunde haben Gelegenheit, sich an die Umwelt zu gewöhnen.

Extratipp

Nach jedem Lauf stärke ich die Huskies mit einem Löffel Bienenhonig. Das stützt den Kreislauf und bringt den Vierbeinern viele gesunde Zusatzstoffe.

Einen Husky willst du haben – das ist gefährlich,
denn selten bleibt's bei einem – seien wir ehrlich!
Einer allein ist einsam, ein zweiter muss her,
ein dritter ist ganz einfach, ein vierter gar nicht schwer!
Beim fünften ging's noch schneller ...
Bald steht ein sechster hinterm Fressensteller!
Ein Hund auf dem Sofa, einer sogar im Bett,
die anderen haben Hunger, ist das nicht nett?
Die Möbel sind stets staubig, die Fenster nie ganz klar,
der Boden ist dauernd schmutzig
und das ganze Haus voll Haar!
Es leidet der Haushalt, ich nehm das wohl wahr,
die Nasenabdrücke und überall Haar!
Die Verwandtschaft bleibt weg, Freunde lassen dich in Ruh –
du siehst nur noch Huskies und Musherfreunde wie du!
Der Rasen ist hin, die Blumenbeete sind tot
um nicht in Löcher zu treten hast du deine liebe Not.
Jedes Frühjahr wird der Garten saniert,
wir fühl'n uns dabei ganz schön angeschmiert.
Da kommt schon ein Husky und springt an dir rauf,
schenkt dir ein Küsschen und noch eins obendrauf.
Sein Blick erwärmt dir das Herz und um nichts in der Welt,
gäbst du einen nur her – was ist da schon Geld?
Es muss wohl sehr viel wert sein und viel dir geben,
denn sie lieben dich alle: »Die Huskies – dein Leben.«
Alles hat sich verändert, nichts ist mehr gleich!
Du liebst deine Huskies und deine Seele ist reich!
Doch überleg dir gut den ersten Schritt,
er zieht viel nach sich, aber er hält dich fit!

Der Huskyvirus schlägt endgültig zu

Unsere Familie ist voll in den Bann der nordischen Freunde geraten. Bücher werden gelesen und alle trainieren fleissig die Hunde. Im Garten werden neue Hundehütten aufgestellt und der Auslauf wird möglichst interessant und abwechslungsreich gestaltet. Selbst mein Auto sieht mit den vielen Aufklebern aus wie ein fahrender Husky. Doch wie können wir sicher sein, dass unsere Hunde auch wirklich glücklich sind? Schlittenhunde sind Arbeitshunde und zudem richtige Naturburschen. Sie müssen rennen und arbeiten können, denn nur so sind sie glückliche Tiere.

Ausgrabungen beweisen, dass Eskimos schon vor über 6000 Jahren Hunde als Haustiere hielten. Während der Goldgräberzeit sind die Schlittenhunde dann zum Ziehen der Postschlitten eingesetzt worden, da dies die einzige Möglichkeit war, dass die Abenteurer in den langen Wintern Alaskas und Kanadas nicht von der Aussenwelt abgeschnitten worden sind. In ihrer Freizeit begannen die Goldgräber irgendwann, zum Spass Schlittenhunderennen zu veranstalten.

So richtig bekannt geworden sind die Schlittenhunde aber erst im Jahr 1925. Im Januar 1925 hielt die Welt den Atem an, als in der Stadt Nome in Alaska eine Diphterie-Epidemie ausgebrochen war und in dieser von Schneemassen verschütteten Stadt kein geeignetes Serum zur Behandlung der Kranken und Impfung der übrigen Bevölkerung zur Verfügung stand. Durch Aufrufe über Rundfunk und Presse gelang es, in Amerika eine ausreichende Menge des Impfstoffs zusammenzutragen. Nun begann der Wettlauf gegen den Tod, denn mit motorisierten Fahrzeugen war die verschneite Stadt nicht erreichbar. Mehrere mutige Männer und ihre Schlittenhunde machten das Unmögliche wahr: Für die Entfernung von mehr als tausend Kilometern hatten sie mit ihren Hundeschlitten nur 128 Stunden gebraucht und konnten so eine ganze Stadt retten! Der Leithund dieser Aktion hiess »Balto«.

Heute steht in New York ein Denkmal für diesen tollen Husky.

Zur Erinnerung an die Heldentat von Nome findet regelmässig ein Schlittenhunderennen auf der 1820 Kilometer langen Strecke von Anchorage nach Nome statt, das berühmte Iditarod. Dieses Rennen wird heute als das »letzte grosse Rennen auf dieser Erde« bezeichnet und die Big-Musher treffen sich dort jährlich, um ihr und das Können ihrer Hunde unter Beweis zu stellen. Leider gibt auch dort längst das Geld den Ton an und die Hunde müssen immer schneller und schneller rennen. Heute auf diesem Rennplatz ein reinrassiges Team von Siberian Huskies zu finden, gleicht schon eher einer Rarität. Seit Jahren werden die Huskies mit verschiedenen anderen Hunderassen gekreuzt und viele von ihnen weisen kaum noch Ähnlichkeit mit den ursprünglichen Tieren auf.

Diese grossen Rennen kann ich meinen Nordischen nicht bieten, aber ich versuche, die Tiere so artgerecht wie möglich zu halten. Obschon ich die vielfach angetroffene Haltung in Alaska für alles andere als artgerecht halte! Oft sehen diese Schlittenhunde nur ihre Hundehütte, an der sie dann mit einer kurzen Kette befestigt sind. Dabei sind doch die feuchten Hundenasen immer so neugierig und möchten möglichst vieles kennen lernen!

Schon bald war es mir nicht mehr möglich, alle drei Hunde miteinander auszuführen, denn meine Kräfte hielten dieser Belastung nicht mehr stand. Die fehlende Kraft versuchte ich, mit regelmässigem Krafttraining auszubauen, aber an die Huskypower kam ich natürlich nie heran.

Trotzdem machte mir die Zusammenarbeit mit diesen wunderbaren Tieren immer mehr Freude, obschon mein Körper von Muskelzerrungen, Muskelkater, Entzündungen, Verrenkungen und blauen Flecken geplagt wurde und heute noch wird. Wahrscheinlich hätte ich mit diesem Sport schon zwanzig Jahre früher anfangen sollen. Aber es hatte mich einfach mit Haut und Haaren gepackt! Der Wille, meine Hunde zu bewegen, war viel grösser als meine körperlichen Leiden. Ausserdem kann man unter den Kleidern die blauen Stellen wunderbar verstecken. Als ich dann aber eines Tages mit zwei blauen Beinen die Kontrolluntersuchung bei meinem Frauenarzt antrat, musste ich mir das Lachen sehr verkneifen und er brachte die Frage: »Wer hat ihnen das denn angetan?« zum Glück auch nicht über die Lippen.

MASSAKER IM HÜHNERHOF

Trotz Hundeschule und Spaziergängen im eigenen Hühnerhof ist der Drang unserer Huskies, das Federvieh zu jagen, immer noch viel stärker als die beste Erziehung.

An einem kalten Winterabend im Januar kam ich etwas später als gewöhnlich nach Hause. Meine Kinder sassen vor dem Computer und die Hunde spielten draussen im Schnee. Als ich die Huskies begrüssen wollte, kam mir nur ein ganz aufgeregter Stavros entgegen und wollte unbedingt, dass ich ihm folgte. Also Jacke wieder anziehen, warme Schuhe an die Füsse, Taschenlampe fassen und ab in den Garten. In meinem Lichtkegel konnte ich Timo und Phönix nirgends sehen.

Das machte mich sehr misstrauisch. Stavros führte mich direkt zum Hühnerhof und was ich dort antraf, war leider Wirklichkeit und kein schlechter Traum! Sämtliche Hühner lagen tot, gerupft und teilweise angefressen umher. Phönix befand sich im Hühnerhaus, streckte den Kopf durch das Hühnertörlein und schlief mit vollem Bauch ein geruhsames Verdauungsschläfchen. Timo lag in der hintersten Ecke und rupfte ganz genüsslich dem wunderschönen Hahn sämtliche Federn aus.

Wie konnte das nur geschehen? Wütend und etwas unsanft zog ich Phönix aus dem Hühnerhaus hinaus und spedierte dann die beiden Massenmörder aus dem Hühnerhof. Mit Tränen in den Augen und einer riesigen Wut im Bauch entsorgte ich die Hühnerreste und untersuchte den Maschendrahtzaun. Einige Tage vorher war der Sturm »Lothar« über unser Land gefegt und wir hatten mehrere Schäden zu verzeichnen. Aber erst jetzt bemerkte ich, dass auch der Hühnerzaun ein Loch aufwies. Bis jetzt hatte ich es noch nicht entdeckt, weil dicker Schnee es verdeckte. Die Hunde hatten das Loch im Gegensatz zu mir natürlich sofort gefunden und die Situation erbarmungslos ausgenutzt. Nur Stavros, der grösste meiner Hunde, fand keine Chance, durch dieses kleine Loch hindurchzukommen.

Arme Hühner! Solch ein Ende hätten meine emsigen Eierlieferanten wirklich nicht verdient. Die Hunde im Nachhinein für ihr Vergehen zu bestrafen, wäre sinnlos und für die Tiere gar nicht nachvollziehbar gewesen. Mir war jedoch sonnenklar, dass so etwas nie mehr geschehen durfte.

Der Zaun wurde sofort wieder geflickt und ich war noch aufmerksamer.

Zur Sicherheit montierten wir am Grünhaag entlang noch einen Elektrozaun, den ich während der Nacht und meiner Abwesenheit einschaltete.

Meine Huskybande bemerkte das natürlich sofort und plötzlich waren auch die Hühner nicht mehr attraktiv.

Mit Huskies zu leben ist immer eine grosse Herausforderung. Der Mensch muss auch das Alphatier des Rudels dominieren, damit die Meute ihn als Führer akzeptiert. Dies ist oft keine leichte Aufgabe bei diesen eigenwilligen Tieren. Schlittenhunde besitzen ein überschäumendes Temperament und geben sich auch nicht die geringste Mühe, dies zu verbergen.

HUSKY NR. 4 ...

Der Huskyvirus hatte nun endgültig zugeschlagen. Vier zweibeinige Familienmitglieder und drei vierbeinige Freunde, das geht wirklich nicht auf. Dieses Mal war es sogar unser Familienoberhaupt, das auf die Idee kam, mit vier Huskies würde das Leben noch viel mehr Spass machen.

Am siebten Mai gab es bei unserem Züchter wieder Nachwuchs und schon bald durften wir die Puppies besuchen. Ein ganzer Haufen lustiger Welpen begrüsste uns. Diesmal durfte unsere jüngste Tochter die Wahl treffen. Samira entschied sich für den feingliedrigen Waiko. Ich war in der Zwischenzeit mit dessen Bruder beschäftigt; ein kleines schwarz-graues Fellmonster mit stahlblauen Augen und ziemlich langen Haaren versuchte mit jedem Trick, meine Aufmerksamkeit auf sich zu lenken. Vor meinen Füssen spielte er den Clown und schaute mich unentwegt an. Was für ein Hund!

Aber versprochen ist versprochen und Samira durfte die Wahl treffen. Dann nahmen wir die dreistündige Autofahrt wieder in Angriff und fuhren nach Hause. Nach einem späten Nachtessen ging es dann schon bald ins Bett. Die ganze Nacht träumte ich von »meinem« Husky, der am liebsten mit mir nach Hause gekommen wäre. Am nächsten Morgen stand ich richtig gerädert und unausgeschlafen auf.

Beim Frühstück erkundigte sich mein Mann nach meinem Befinden, denn wahrscheinlich sah die ganze Welt, wie schlecht ich geschlafen hatte. Ich sagte nichts und trank meinen Kaffee in der Hoffnung, doch noch wach zu werden. Mein Gatte liess jedoch nicht locker und meinte: »Ich bin mir ganz sicher, dass du von diesem Wollknäuel geträumt hast, das du gestern die ganze Zeit gestreichelt hast.« Hei, kann mein Angetrauter Gedanken lesen? Das wird ja richtig unheimlich! Ich gestand meiner Familie, dass ich mich hoffnungslos in diesen Hund verliebt hätte, jedoch an Samiras Entscheidung für Waiko nichts ändern wolle. Darauf meinte mein Mann: »Der kleine Kerl hat mir auch gefallen ... also dann kaufen wir halt zwei Huskies, nun kommt es doch nicht mehr darauf an, ob vier oder fünf herum tollen!«

Ich konnte es kaum fassen und sprang sofort ans Telefon, um den Züchter zu informieren, damit dieser Hund in der Zwischenzeit ja nicht für andere Menschen reserviert werden konnte. Nun wurde fleissig ein Name gesucht und unsere Wahl fiel, weil es ein »W« sein musste, auf Whisky. Whisky heisst übersetzt »Wasser des Lebens« und genau so ist dieser Hund heute: Das pure Leben, voller Energie und mein absoluter Knuddelhund. Stundenlang kann man dieses Tier streicheln. Er geniesst das in vollen Zügen, denn schliesslich hat er sich ja uns als Adoptiveltern ausgelesen.

Mitte Juli war es dann soweit und die beiden Brüder zogen bei uns ein. Der Integration ins Rudel stand ich mit etwas gemischten Gefühlen gegenüber. Stavros, Phönix und Timo benahmen sich jedoch vorbildlich und die kleinen Kerle wurden vom ersten Tag an akzeptiert.

Das Rudel entwickelte sich prächtig und mein Stolz über die zwanzig Huskypfoten wuchs von Tag zu Tag. Stundenlang konnte ich sie beim Spielen im Garten beobachten und der Sommer verging viel zu schnell.

Ich empfand es wirklich als Geschenk, dass ich auserwählt war, solche Tiere zu besitzen, denn Schlittenhunde waren schon früher etwas ganz Besonderes und oft genug auch wahre Pioniere. Ohne vierzig Grönlandhunde als Lastenschlepper wäre es vor über hundert Jahren unmöglich gewesen, eine Zahnradbahn auf das Schweizer Jungfraujoch zu bauen und 3471 Meter über dem Meeresspiegel die höchste Bahnstation Europas zu errichten.

Auch das erste Lebewesen im All war 1957 Laika, ein Siberian Husky-Mischling, und auf den vielen Polarexpeditionen waren die Menschen auch auf Leben und Tod auf die Huskies angewiesen. Wir haben diesen Tieren viel zu verdanken!

Herzkrank, oder: Schau mir in die Augen!

Als es frühmorgens endlich kälter wurde, packte mich erneut die Sucht, dieser Drang, das unbeschreibliche Gefühl! Die Trainingssachen konnten wieder verladen werden und die schönste Zeit des Jahres begann. Waiko und Whisky wurden langsam und sachte antrainiert. Schon bald stellte sich heraus, dass diese beiden Burschen eine hervorragende Ergänzung für unser Team darstellten.

Leider lässt dieses Hobby, oder besser gesagt diese Berufung, das Geld dahinschmelzen wie Schnee an der Sonne. Leinen, Halsbänder, Neckleinen, Renngeschirre, Zugleinen, Futter, Tierarzt, neue Hundehütten ... Ich habe es nie zusammengezählt, aber es ist schon enorm. Hat sich der Huskyvirus einmal tief im menschlichen Körper eingebohrt, dann gibt man so schnell nicht wieder auf. Oder etwa doch?

Auch diesen Herbst erkrankte ich wie seit Jahren an einem heftigen und nie enden wollenden Husten. So richtig wie ein kräftiger Raucherhusten, und das, wo zwischen meinen Lippen noch nie eine Zigarette gesteckt hat. Dieses Jahr traf es mich so hart, dass ich den Arzt aufsuchen musste.

Der verschrieb mir seine obligaten, nichts bringenden Pillen und bat mich, in einer Woche wiederzukommen, um einen Generalcheck durchführen zu lassen. Na ja, so krank fühlte ich mich noch lange nicht, aber angesichts des runden Geburtstages, der vor der Türe stand, liess ich dann diesen »grossen Service« über mich ergehen. Das Ergebnis war niederschmetternd, denn der Arzt diagnostizierte eine Herzkrankheit und überwies mich sofort an einen Spezialisten. Dort setzten sie mich auf ein Fahrrad und liessen mich strampeln, bis die Schweissperlen am Boden schon fast die Grösse eines Sees annahmen. Zu guter Letzt bekam ich diverse Medikamente in die Hände gedrückt und einen Bericht für den Hausarzt. Fassungslos liess ich dies alles über mich ergehen. Ich und herzkrank, das konnte doch gar nicht sein. Noch nie hatte ich irgendwelche Beschwerden, oder etwa doch? Jetzt begann das Grübeln und Studieren. Klar komme ich schnell ins Schnaufen, aber war das nicht schon immer so?

Lebe ich vielleicht schon von Geburt an mit einem kranken Herzen in meiner Brust?

Niemand konnte mir darauf eine Antwort geben. Zu Hause angekommen holte ich mir via Internet, Bücher und Freunde, die medizinisch ausgebildet waren, weitere Informationen und Ratschläge, aber klüger wurde ich dabei nicht, nur unsicherer.

Durfte ich meine Hunde überhaupt noch halten und trainieren? Eine schwere Zeit begann. Ich hörte bei jedem Schritt auf mein Herz, mass mir ständig den Blutdruck, kaufte mir einen Hometrainer und wurde täglich mehr frustriert und verunsichert. Sollte ich diese Medikamente wirklich einnehmen, trotz der vielen Nebenwirkungen auf dem Beipackzettel? Seit Jahren leide ich an einem tiefen Blutdruck und jetzt soll ich mir diesen noch mehr senken lassen? Dann kann ich ja gleich im Bett bleiben. Ich stellte mir ein Leben vor wie auf einem Karussell. So fühlte ich mich nämlich, wenn der Blutdruck im Keller war. Wenn ich dieses Gefühl nun Tag für Tag hätte und keine Kraft mehr aufbringen könnte für die Familie, meine geliebten Huskies und die vielen anderen Freuden des Lebens?

Doch meine Huskybande half mir auch in dieser schwierigen Zeit. Schau einem Husky tief in die Augen, dann siehst du darin die Antwort! Plötzlich war mir alles klar: Nein, mit mir nicht! Ich lasse mich nicht in ein Ärzteschema drücken. Das Gewicht musste runter, ich wollte noch mehr trainieren und ab sofort, so beschloss ich, werde ich Vegetarier. Dem Arzt teilte ich mit, dass ich mich bei ihm verabschiede und die Sache selber in die Hände nehmen würde. Vegetarier zu werden war absolut einfach. Das mit dem Gewicht dagegen bereitete mir mehr Mühe. Ständig schwankte es zwischen ein paar Kilos runter und wieder ein paar rauf. Ich arbeitete aber beharrlich daran und gab nicht auf. Der Zukunft sah ich wieder freudig entgegen.

Ja, diese Hunde sind wie Medizin auf vier Pfoten und verstehen mich immer! Angst ist schliesslich auch ein schlechter Partner und Trübsal blasen nicht meine Sache. Mein von Huskies geprägtes Leben ging weiter wie bisher – und wurde noch verrückter!

SCHLITTENHUNDETRAILS

Der Winter kam in diesem Jahr ziemlich früh, unerwartet und heftig. Ich hatte mir vorgenommen, für mein Rudel neue geeignete Trails zu suchen. Viele meiner Musherkollegen schleichen sich bei Nacht und Nebel auf eine Loipe und hoffen, dass der fallende Schnee ihre Spuren vor dem Morgengrauen wieder zudecken wird. Ich ging auch da andere Wege und schrieb hoch offiziell verschiedene Langlaufloipenbetreiber an. Im schlimmsten Fall bekam ich überhaupt keine Antwort. Erstaunlicherweise wurde ich aber tatsächlich fündig!

Als Gegenleistung dafür, dass wir auf einer Skatingloipe dreimal wöchentlich ganz offiziell trainieren durften, engagierte ich mich eine Zeit lang in einem Tourismusverein und versuchte dort, mit Schlittenhundeevents und Passagierfahrten etwas Geld in die Loipenkasse zu bringen.

Diesen Schneetrail benutzte ich mit meinen Hunden sehr ausgiebig. Ich hatte endlich die Gelegenheit, meine Schlittenfahrkünste zu verbessern. Das Training schmiedete die Huskies und mich immer mehr zusammen. Wenn ich mit den Schlittenhunden arbeite, fühle ich mich oft gar nicht mehr als Mensch, sondern als der oberste Hund, eine Mischung aus Mensch und dem Oberhund. Ein Mitglied des Rudels eben – ein unbeschreibliches Gefühl, das nur verstehen kann, wer selbst schon einmal diese fast magische Bindung, diese stille Übereinkunft zwischen Mensch und Tier gespürt hat.

Jeder Husky hat seine eigene Persönlichkeit. Er ist feinfühlig, hat Launen, kann verliebt sein oder auch mal stinkfaul. Als Musher versuche ich, die Eigenheiten eines jeden einzelnen Tieres ernst zu nehmen. Ich könnte nie auf diese gletscherklaren, schräg stehenden Augen mit der lustigen Piratenmaske verzichten. Die Freundschaft zwischen Mensch und Hund ist gross – zwischen Mensch und Husky ist sie riesig! Schliesslich reichen diese Wurzeln auch bis zurück in die Zeit, als Mensch und Wolf in der Wildnis aufeinander trafen.

So schnell wie der Winter Einzug hielt, so rasch verabschiedete er sich auch wieder. Nur noch kleine weisse Flecken Schnee lagen im

Garten und die Frühlingsblumen erwachten. Wie jedes Jahr kam jetzt wieder die grosse Zeit des Aufräumens. Auslauf ansäen, Kleintiergehege reinigen, Platten verlegen, Zäune flicken, Frühlingsputz im Haus und vieles mehr. Ganz klar, der Haushalt leidet extrem mit so vielen Hunden, aber auch da lebe ich nach dem Motto: »Wer Tiere und Blumen nicht ehrt, ist meine Freundschaft nicht wert«. Solange mir meine Familie nicht davonläuft, ist alles im grünen Bereich.

Ich besitze nämlich einen Göttergatten! Beat, wenn ich dich nicht hätte! Es ist kaum zu glauben, was ein gestresster Manager mit einer Musherfrau so alles aushalten muss. Wir sind zum Glück ein tolles Ehepaar, obschon mir mein Mann schon öfters ein »one way ticket« auf den Mond schenken wollte. Natürlich mitsamt meinen Huskies! Viel Zeit verbringt das Familienoberhaupt geschäftlich im Ausland und da liegen beim Kofferpacken auch immer einige Sachen umher. Nun sind Huskies von Natur aus neugierig und alles muss erforscht werden – und meistens erfordert die Erkennung irgendwelcher Gegenstände den Einsatz der Zähne. Regelmässig muss mein Mann sich ein neues Handy anschaffen, weil das alte den Hunden zum Opfer fiel. Zudem rasiert er sich seit Jahren »nass«, denn auch der Rasierapparat überlebte die Hundezähne nicht. Unsere Wintergartentüre, die zum Huskyauslauf führt, ist täglich geöffnet und die Temperaturen im Haus liegen meistens an der unteren Grenze der Gemütlichkeit. Mein Gatte muss da oft hart durch, denn er liebt die Wärme nämlich viel mehr als die Kälte. Unterdessen hat er sich damit abgefunden, in der grössten Hundehütte der Welt zu leben. Trotzdem scheint die Verbindung Manager – Musher optimal zu sein, denn zwischendurch können wir uns auch eine kleine »Auszeit« gönnen und ohne die Hunde etwas gemeinsam unternehmen. Wir besitzen zum Glück ein liebes Grosi und dies kann in Notfällen auch als Dogsitter eingesetzt werden.

SOMMERPAUSE

Toll, mein Sommergarten strahlt und grünt. Endlich ist alles fertig und die Liegestühle laden zur Siesta im Garten ein. Mein grösstes Problem ist normalerweise jetzt nur noch, schneller auf dem Liegestuhl Platz zu nehmen als einer meiner Huskies. Somit ist auch die meist gestellte Frage beantwortet, nämlich: »Was macht ein Schlittenhund im Sommer?« Meine Antwort dazu: »Ferien im Grotto Giardino.« Unsere Pelzköpfe lassen es sich gut ergehen und geniessen die Sonne. Ab und zu wird ein erfrischendes Bad im Huskyplanschbecken genommen, und wenn es dann in der Nacht etwas kühler wird, dann spielen sie ausgiebig im Garten. Der Schlittenhund hat unter seinem dicken Fell zusätzlich eine wollige Haarschicht, die zwischen Haut und Luft eine Barriere bildet. Dieser Isolationseffekt schützt auch vor den warmen Temperaturen.

Ein Schlittenhund will auch in dieser Jahreszeit geistig gefordert werden. Einzeln nehmen wir sie regelmässig mit, um lange Spaziergänge oder Bergwanderungen zu machen. Auch das Kanufahren frühmorgens wird von den Hunden sehr geliebt.

Diesen Sommer wurden unsere Freunde leider wieder vom Jagdfieber gepackt. Eines Tages öffneten sie die Türe zum Kleintiergehege und unsere Gans »Balduin« musste das Zeitliche segnen. Kaum hatte ich den Schock einigermassen verdaut, hat sich die Huskybande erneut gegen mich verschworen. Beim morgendlichen Füttern der Hühner sprang mich Whisky von hinten ganz unverhofft an. Ich fiel mit dem Kopf voran in den Hühnerhof. Noch den Hühnerdreck zwischen den Augen sah ich, dass Whisky sich ein Huhn schnappte, aus dem Hühnerhof hinaus rannte und sich dann mit seinen Kollegen genüsslich ans Frühstück machte. Wut und Ärger machten sich breit und dann der Gedanke: »Hoffentlich hat kein Nachbar zugeschaut, wie peinlich!« Solche Situationen stressen mich immer sehr und ich gehe dann wieder stundenlang durch den Garten, um alles noch sicherer und huskytauglicher zu machen.

Trotz der sommerlichen »Zwischenfälle« träumte ich aber schon vom sechsten Husky. Diesmal wünschte ich mir einen Hund aus einer anderen Zucht. Diesen Züchter hatte ich in den letzten Jahren kennen und schätzen gelernt und wusste, dass er ganz spezielle Hunde züchten würde. Ein grosses Stück Arbeit lag mir bevor, denn meinen Göttergatten davon zu überzeugen, war nicht einfach. Obschon ich das Geld für diesen Hundekauf schon heimlich erspart hatte, machte es mir mein Mann gar nicht einfach und wir stritten uns öfters darüber. Doch auch dieses Mal waren die Kinder meine Helfer und zusammen haben wir das Familienoberhaupt schliesslich doch rumgekriegt.

Im folgenden Herbst wurde dann unser Rudel erneut vergrössert und Polaris zog bei uns ein. Ein ganz spezieller Hund, wie sich noch herausstellen sollte!

Gespannt warteten wir, wie die Huskygemeinschaft den neuen Genossen akzeptieren würde. Leider hatten wir die Rechnung ohne den Wirt gemacht. Whisky, unser verschmuster und verfressener Teddybär, der sonst keiner Fliege etwas zuleide tut, sah in Polaris einen Fresskonkurrenten. Wie ein Wolf stürzte er sich auf das Huskybaby und uns war sofort klar, dass es ihm bitterer Ernst war und kein Spiel. Sein Ziel war: Dieser Hund muss eliminiert werden. Jetzt war ich wirklich gefordert, denn wenn ich mich in dieser Situation falsch verhalten würde, dann könnten wir grosse Probleme bekommen und die Hunde vielleicht nie mehr alle zusammen lassen. Doch meine Position als Rudelchefin und mein Wille, dieses Hundebaby zu integrieren, wurden schlussendlich von allen akzeptiert und schon wenige Tage später spielten Polaris und Whisky, als wäre dies das Selbstverständlichste auf der Welt. Das Erlebnis war sehr beeindruckend und einmal mehr wurde mir gezeigt, dass die Hunde sofort verstehen, was ich will, wenn ich es nur in einer Sprache ausdrücke, die sie auch verstehen können.

Eine neue Ausbildung beginnt

Irgendwann begann ich damit, massenhaft Bücher über Tierpsychologie zu verschlingen. Dieses Gebiet riss mich so vollkommen in seinen Bann, dass ich kurz darauf eine Ausbildung zur Tierpsychologin startete. Das Wesen »Hund« hatte nun endgültig von mir Besitz genommen und begeistert vertiefte ich tagtäglich mein Wissen über die Hunde und ihren Urahn, den Wolf.

Vieles, so erfuhr ich jetzt, hatte ich mit meinem Rudel instinktiv richtig gemacht, einiges sehe ich aber heute auch aus einem anderen Blickwinkel. Ich weiss heute, weshalb ein Hund jagt, und warum nicht jeder es tut. Ich kann erklären, warum ein Hund beisst und wann eine Situation gefährlich werden kann. Für mich gibt es keine unberechenbaren Hunde mehr, seit ich ihre Sprache und Ausdrucksweise verstehen kann.

Doch bevor man den Hund verstehen kann, muss man den Wolf kennen, denn viele Verhaltensprobleme wären eigentlich gar keine.

Um zu verstehen, warum ein Hund so handelt, wie er es tut, ist das Studium von Wolfsverhalten sehr hilfreich. Vieles, das wir als Verhaltensproblem oder -auffälligkeit bezeichnen, ist im Grunde »normales« Wolfsverhalten, nur passt es eben in diesem Moment nicht in unsere menschengemachte Gesellschaft! Der Hund verhält sich nur den Umständen entsprechend und für seine Begriffe logisch und folgerichtig – nur uns erscheint das als auffällig.

Eine amerikanische Studie ergab, dass mehr als 42% der Hundebesitzer das Gefühl hatten, ihr Tier hätte mindestens eine Verhaltensauffälligkeit, die sie als Problem betrachteten. Viele davon sind Verhaltensprobleme, mit denen der Besitzer rechnet, wenn er sich entschliesst, ein Tier zu sich zu nehmen. Ein junger Welpe wird während der ersten Nacht im neuen Heim vielleicht winseln und die Nachtruhe stören, und er wird mit hoher Wahrscheinlichkeit im Laufe der nächsten Wochen mehrmals auf den Fussboden urinieren und Kot absetzen, bis er schliesslich stubenrein ist. Womöglich werden in den folgenden Monaten Schuhe oder sonstige Haushaltsgegenstände zerkaut und es könnte zunehmend schwieriger werden, den Hund auf Spaziergängen zu kontrollieren. Vielleicht wird er sogar Gäste anknurren oder kläffen. Diese »normalen« Verhaltensprobleme können meist als relativ unbedeutend klassifiziert werden. Wahrscheinlich treten sie nur gelegentlich auf oder stören den täglichen Umgang nur wenig. Viele davon sind bei Jungtieren anzutreffen und verschwinden entweder von ganz alleine, wenn das Tier erwachsen ist, oder sind verhältnismässig einfach durch entsprechendes Training oder durch eine Verhaltensänderung im Haushalt zu beseitigen.

Leider können jedoch auch Verhaltensprobleme bei Hunden auftreten, die weitaus gravierender sind. Tiere fangen an zu jaulen, zu bellen, das Haus zu beschmutzen oder zerfetzen sogar Möbel, wenn sie alleine zu Hause gelassen werden. Eventuell fangen sie an zu beissen; Gäste im Haus, Leute, die auf der Strasse vorbeigehen, andere Hunde oder Mitglieder der eigenen Familie – und dies so bösartig, dass die Opfer medizinisch betreut oder sogar stationär im Krankenhaus aufgenommen werden müssen.

Statistisch gesehen überwiegen diese Probleme nicht, denn sonst würden sich ja nicht so viele Menschen Hunde halten und mit diesen glücklich zusammen leben. Heute ist es jedoch möglich, Verhaltensprobleme zu lösen. Vielleicht bringt man eine Verhaltensweise nicht ganz zum Verschwinden, aber eventuell doch zumindest soweit, dass sie für den Besitzer akzeptabel wird.

Die Abstammung des Hundes

Jedes Lebewesen hat seine eigene Geschichte und ist das vorläufige Endglied einer schier endlosen und ununterbrochenen Kette vorangegangener Generationen, die – alle der Selektion ausgesetzt – sich erfolgreich an die Lebensbedingungen ihrer Umwelt anpassen konnten. Dieses »Produkt« aus Zufall und Notwendigkeit zu verstehen, heisst demnach, seine Geschichte zu kennen. Dazu müssen wir aber erst wissen, wo im Reich der Natur wir den Hund einzuordnen haben und seine Stellung im Ordnungssystem der biologischen Systematik kennen.

Das gesamte Tierreich wird zunächst in mehrere Stämme aufgeteilt, die wiederum aus mehreren Klassen bestehen. Eine einzelne Klasse unterteilt sich wieder in mehrere Ordnungen, wobei jede Ordnung ihrerseits aus mehreren Familien besteht. Innerhalb einer Familie unterscheidet man die verschiedenen Gattungen, die wieder eine oder mehrere Arten (Spezies) umfassen.

Der Hund gehört danach zur Familie der hundeartigen Raubtiere, Canidae. Die grösste Artenvielfalt erlebten die hundeartigen Raubtiere im Zeitalter des Miozän (vor 24 - 7 Mill. Jahren), danach setzte ihr Niedergang ein. Heute umfasst diese Familie insgesamt immerhin 14 Gattungen, wovon allerdings zwei, nämlich Canis (Hund) und Vulpes (Fuchs), die Hälfte der Arten stellt, nämlich 16 von 32.

Heute sind sich die Forscher einig, dass der Stammvater des Hundes der Wolf ist. Es ist, als habe der Hund »zwei Seelen« in seiner Brust, eine ist die wilde, die unbändige, die an das raue Leben eines Grosswildjägers in freier Natur angepasste; die zweite ist die von uns Menschen gezähmte und domestizierte, von Kultur und Zivilisation geformte.

Wenn wir den Hund verstehen wollen, müssen wir daher erst einmal den Wolf kennen, denn von ihm stammt das natürliche Erbe eines jeden Hundes. Erst wenn wir dieses kennen, lassen sich auch die im Hausstand eingetretenen Veränderungen deuten und somit das Verhalten des Hundes insgesamt verstehen.

Aber wie wurde der Wolf zum Hund? Voraussetzung jeder Domestikation ist die genetische Isolation der Tiere im Hausstand von ihren wilden Artgenossen. Wölfe lassen sich aber nicht mit einfachen Holz- oder Steinzäunen einsperren. Ihre Bindung an die Menschen muss wohl von Anfang an anderer – sozialer – Natur gewesen sein.

Heute vermutet man, dass verwaiste junge Wolfswelpen von Menschen ernährt wurden, das heisst die Frauen die Welpen mit Muttermilch versorgten und somit eine eher zufällige Zähmung geschah. Diese Frauen zähmten die ersten Wölfe sicher nicht im Sinne einer zukünftigen Nutzung, sondern eher als spontane Reaktion auf ein mutterloses, kleines, hilfloses Tier.

Erst viel später, als Pfeil und Bogen als Jagdwaffen entwickelt wurden, begann der Mann, den Hauswolf als »Jagdhund« einzusetzen, und ab da erlangte der Hund am Ende der Eiszeit zusammen mit den Menschen eine nahezu weltweite Verbreitung.

Noch einen riesengrossen Zeitsprung später begannen die Menschen mit der Hundezucht und somit entstanden immer mehr Hunderassen. Um gewisse Merkmale zu erreichen, wurde oft mit Inzucht gezüchtet, was dann zu gesundheitlichen Schäden der Tiere führte. Wenn wir heute die verschiedenen Rassen sehen, muss man sich sicher die Frage stellen, ob wir Menschen überhaupt das Recht haben, so massiv in die Natur einzugreifen und Tiere zu schaffen, die oft kaum mehr überlebensfähig sind – die so genannte Qualzucht in manchen Hunderassen ist heute zu Recht ein oft diskutiertes Thema. Eine jahrtausendelange Domestikationsgeschichte hat aus dem Hund ein Tier grösster Variabilität gemacht. Es gibt heute Hunde, die weit über hundert Kilo wiegen und andere, die es nicht einmal auf ein Kilo bringen. Ganz zu schweigen von den vielen Extremformen des Verhaltens, denken wir nur an die Schnelligkeit der Windhunde oder an die heute kaum noch bewegungsfähigen Bulldoggen, an den starken Hütetrieb der Border Collies und die Empfindsamkeit eines Windspiels.

Der nordische Hund hatte da grosses Glück: Er steht dem Wolf zwar nicht, wie oft angenommen, näher als ein anderer Hund, aber er wurde vom Menschen in seiner Urform gelassen, als natürlicher, unkomplizierter, freiheitsliebender Naturbursche. Auf besondere Fellfarben oder äussere »Schönheitsmerkmale« kam es bei ihnen nie an! Deshalb leben diese Hunde noch heute am liebsten im Rudel und zeigen am meisten Ähnlichkeiten zum Wolf. Auch heute gibt es noch Ethologen, die im Husky den nächsten Verwandten des Wolfes sehen, was aber von neuen wissenschaftlichen Erkenntnissen widerlegt wird. Einig sind sich heute die Wissenschaftler aber in einem: »Der Wolf steckt in jedem Hund!« Wölfische Verhaltensformen werden durch den Hund heute teilweise anders eingesetzt oder wir Menschen sind nicht fähig, diese richtig zu interpretieren.

Die Domestikation eines Tieres führt immer zu einer Verkleinerung des Gehirns, was wiederum dazu führt, dass sich Hunde am besten mit jungen Wölfen vergleichen lassen, deren Persönlichkeit noch nicht ausgereift ist.

Eine Verhaltensform unterscheidet jedoch den Wolf grundsätzlich vom Hund, nämlich die Angst vor uns Menschen. Der Hund hat ein grosses Streben nach Sozialkontakt sowohl zu Artgenossen als auch zu den Menschen. Wie kann es zu dieser doppelten Identität des Hundes gekommen sein? Biologisch gesehen ist es ein Phänomen. Der Hundewelpe bindet sich nach der ersten Begegnung mit dem Menschen für den Rest seines Lebens an diese für ihn »fremde Art«, wogegen der Wolf immer die für ein Wildtier typische Scheu behält und selbst als Welpe dem Menschen gegenüber nicht die gleiche unbefangene Neugier zeigt wie ein Hund. Es ist eigentlich nur damit zu erklären, dass die Wölfe der Frühzeit noch nicht die gleichen negativen Erfahrungen mit den Menschen gemacht haben wie die heutigen Wölfe. Ihr Fluchtverhalten war möglicherweise weniger ausgeprägt. Dieses Wissen hat mir auch ganz klar vor Augen geführt, dass wir die Entwicklung der Hunde zurückdrehen würden, wenn absichtlich Hunde mit Wölfen gepaart werden.

Solche Geschichten von Wolfsmischlingen werden in der Musherszene auch erzählt, aber ehrlich, gab es schon einmal einen Wolf, der einen Schlitten durch die eisigen Wälder Alaskas gezogen hat?

Eines darf man auf keinen Fall vergessen: Der Hund ist ein von uns Menschen »gezähmtes« Raubtier und wir Menschen sind es, die aus den Hunden oft blutrünstige Ungeheuer machen, die dann über ihre Meister oder Kinder herfallen können.

Der Hund ist auch heute noch mit »tödlichen Waffen« ausgerüstet, aber Unglücksfälle stehen zum Glück nicht an der Tagesordnung, sondern sind eher die Ausnahme. Und viele liessen sich vermeiden, wenn die Hundebesitzer mehr über das natürliche Hunde- und Wolfsverhalten wüssten! Wir Menschen werden den Hund weiterhin lieben und als besten Freund bezeichnen, den nötigen Respekt vor ihm sollten wir trotzdem nie verlieren.

Mein während der Ausbildung angeeignetes Wissen versuchte ich immer wieder in meinem Rudel umzusetzen. Bei Polaris stiess ich aber nun doch an meine Grenzen. Er entwickelte sich zu einem prächtigen, wunderschönen und liebenswerten Hund. Seine grosse Leidenschaft, sich als Gartenbauarchitekt zu betätigen und meinem Mann den Rasen in einen Golfplatz zu verwandeln, wurde ihm nun zum Verhängnis. Lange Zeit bemerkte ich nämlich nicht, dass Polaris die Steine nicht nur ausbuddelte, sondern gleich auch noch frass! Mit einem halben Jahr musste er das erste Mal notfallmässig wegen Darmverschluss operiert werden. Wir taten das Vorkommnis damals als jugendlichen Übermut ab, aber drei Monate später war es wieder soweit. Von nun an hiess es aufpassen und Polaris musste, wenn er unbeaufsichtigt draussen spielte, einen Maulkorb tragen. Doch auch hier kam der Rudeleffekt zum Tragen, denn seine Hundekollegen halfen ihm natürlich immer wieder, das verhasste Ding loszuwerden. Das Maulkorbkaufen entwickelte sich zu meinem grössten Hobby! Eine schlimme Zeit begann, denn wir alle liebten Polaris und wussten ganz genau, dass diese Operation nicht x-mal durchgeführt werden konnte. Von den Kosten wollen wir schon gar nicht sprechen! Doch leider fand Polaris immer wieder Möglichkeiten, seinen Bauch mit Steinen zu füllen und der Tierarzt entfernte gleich körbchenweise Steine aus seinem Magen und Darm. Viermal musste Polaris unters Messer, aber jedesmal erholte er sich glücklicherweise sehr rasch.

Es gibt mehrere Möglichkeiten wie man einem Hund das Steinefressen abgewöhnen kann, aber diese Theorien lassen sich nur bei einem Haushund durchführen, nicht bei einem, der draussen in ein Rudel integriert ist. Somit lebt unser wolffarbiger Vierbeiner halt noch heute mit einem Maulkorb. Er hat sich unterdessen daran gewöhnt und der Rest des Rudels auch! Wir haben ihn zudem homöopathisch behandelt aber trotzdem fehlt uns einfach der Mut, den Maulkorb abzuziehen. Während des Trainings oder wenn er mit uns einen Ausflug machen kann, wird ihm das Ding abgezogen. Polaris ist ein sehr dominanter, selbstsicherer und liebenswerter Husky geworden. Er ist extrem anhänglich, folgsam und willig. Auf dem Trail behält er immer die Übersicht, denkt voraus und kann seine Kraft somit sehr gut einteilen. Kurz und bündig: Ein Prachttier, das wir halt trotz der Macke »Steinefressen« über alles lieben. Natürlich hoffen wir, dass Polaris irgendwann in der Zukunft nicht mehr als Kiesgrube umherlaufen wird!

Phönix, der Manager im Unsinn machen

Sirius, der Charmeur

Sokrates

Waiko, Whisky und Polaris

Sokrates hat es sich gemütlich gemacht

Polaris

Samira, unsere Nachwuchsmusherin

Phönix mit den zwei verschiedenfarbigen Augen

Haben alle Platz?

Überall geniesse ich die Hunde, auch während der Skiferien

Mein Vater, der Retter unserer Huskylodge (Garage)

Familienausflug

Einfach nur geniessen!

Das erste Rennen mit Stavros

Beat, mein Doghandler, an der Schweizermeisterschaft 2004

Timo, unser Leithund

Schmusen nach dem Rennen

Vreni, die Doghandlerin mit klein Polaris

Waiko, die Küssmaus

Sokrates und Sirius als Welpen

Whisky, der Verschmuste

Polaris, der Steinefresser

Rasputin im dunklen Wald

Eines nebelverhangenen Novembertages unternahm ich mit meinen vierbeinigen pelzigen Husky-Freunden einen Ausflug mit dem Trainingswagen. Irgendwie reizte es mich, einmal einen anderen Weg als gewöhnlich einzuschlagen. Schliesslich lieben meine Schlittenhunde auch ab und zu etwas Abwechslung. Die Wetterprognosen waren zwar nicht gerade einladend für ein spätherbstliches Abenteuer, aber die eingespannten Huskies tänzelten schon ganz ungeduldig auf ihren jeweiligen Plätzen und jaulten im Chor: »Zieh endlich die Sicherheitsleine, wir wollen los!«

Fast krampfhaft versuchte ich, mir jede Kreuzung im nebligen Wald ganz genau einzuprägen. Wenn das nur gut ging! Wie immer war ich ausgerüstet mit Handy, Taschenlampe und Messer. Eigentlich konnte mir doch wirklich gar nichts passieren. Die letzte Spannung und Unsicherheit fiel endlich von mir ab, als wir fuhren und fuhren.

Jedesmal, wenn ich hinten auf dem Trainingswagen stehe und den Hunden zusehe, wie sie ihre Beine in den Waldboden stemmen, beflügeln mich Gedankenfetzen. Ich schwebe auf »Wolke sieben« und verliere den Boden der Realität unter den Füssen. Meine Gedanken sind schon längst bei den Eskimos, Indianern, Galgenvögeln, Goldsuchern, Glücksrittern und faustgrossen Nuggets aus dem eisig kalten Wasser des Klondike-Rivers. Ich folge dem Lockruf der Wildnis »go North to Alaska.« Träumen ist doch so wunderschön!

Prompt fand ich die richtige Abzweigung zurück zu meinem Auto nicht mehr. Langsam legte sich schon die Abendstimmung über den Wald. Wo wir auch durchfuhren, nirgends sahen wir den Ausgang aus diesem immer finster werdenden Wald. Gedankenblitze vom Überlebenstraining im Norden schossen mir durch den Kopf. Ja, alles klar, man orientiert sich am Polarstern. Er ist der oberste Stern im Sternbild »Kleiner Bär«, und weil der quasi stillsteht, kann man sich sehr gut an ihm orientieren. Doch auch das war nicht möglich, denn jetzt hörte ich aus der Ferne ein Donnergrollen und es begann zu regnen. Mist, die

Wetterprognosen schienen tatsächlich zu stimmen! Nun konnte mir nur noch ein Notruf mit dem Handy an meine Familie helfen. Das »Stop« aus meinen kalten Lippen wurde von den Hunden ignoriert. Sie dachten gar nicht daran, anzuhalten. Dummerweise konnte ich sechs Huskies nicht einfach auf »Leerlauf« schalten. Warum denken diese Tiere immer nur an Arbeit? Langsam wurde die Situation brenzlig und der Kälte folgt der obligatorische Schweissausbruch. Mit voller Kraft drückte ich die Bremse, bis das Gefährt endlich stand. Aber oh je, mein Handy zeigte an, dass es keinen Empfang zwischen den Tannen gab!

Das Sprichwort: »Ein Unglück kommt selten allein« schien sich mal wieder zu bewahrheiten. Ein grosses Gewitter zog über uns hinweg und kurz darauf fiel sehr heftig der erste Schnee in diesem Spätherbst. Ein starker Wind pfiff durch den Wald und die Tannen kamen in eine gefährliche Schieflage. In diesem Augenblick war es mir egal, ob ich den richtigen Weg eingeschlagen hatte oder nicht. Nur raus aus dieser Finsternis, denn auch meine Taschenlampe gab nun langsam aber sicher den Geist auf.

Durch den Lärm des über uns wegfegenden Sturmes wurden meine Hunde ängstlich und liessen sich nun nur noch äusserst widerwillig zum Weiterlaufen bewegen.

Ganz langsam verwandelte sich der Wald in eine weisse Schneelandschaft und die Kälte breitete sich in meinem durchnässten Körper aus. Mit Hüpfen und Pedalen versuchte ich, mein Blut am Erstarren zu hindern. Doch es war so lausig kalt geworden, dass alle meine gymnastischen Übungen ohne Wirkung blieben. Kein Wunder, dass ich fror, schliesslich hatte mich der vorangegangene Regen bis auf die Haut eingeweicht. Ich blickte zum Himmel. Es hatte endlich aufgehört zu schneien und unter einem wie mit tausend strahlenden Diamanten besetzten Firmament zogen wir nun unsere Spur durch den unberührten Neuschnee.

Mehr oder weniger in letzter Sekunde, bevor mich meine Kräfte verliessen, stand plötzlich wie aus dem Nichts ein grosser, stämmiger Mann vor uns. Mir wurde Angst und Bang, denn diese Gestalt mit dem riesigen Bart erinnerte mich doch sehr an Rasputin, den russischen Mönch und Wundertäter. Nein, so alt bin ich natürlich nicht, dass ich diesem Freund der Zarenfamilie persönlich begegnet wäre, aber irgendwie flösste mir diese Geschichte um den sagenumwobenen Mann schon früh ängstliche Gefühle ein. Uff, was hatte dieser Kerl vor mir bloss für Schultern, die würden jeden Eishockeyspieler vor Neid erblassen lassen. Gespannte Erwartung, Nervosität und eine leichte Unsicherheit machten sich in meinem Bauch bemerkbar.

Eine tiefe, wohlklingende Stimme riss mich zurück in die Gegenwart. »Was um Himmelswillen machen Sie bei diesem Wetter im Wald? Kann ich Ihnen helfen?« Dieser bärtige Riese hatte meine Situation sofort erfasst. Im diffusen Licht konnte ich nun ein freundliches Gesicht erkennen und schilderte meinem Rasputin die Irrfahrt durch den Wald. Er schüttelte den Kopf und schlug mir vor, voranzulaufen und mir den Ausgang aus dem Wald zu weisen. Wenig später standen wir tatsächlich an einer Waldlichtung, auf der mein Retter sein Auto abgestellt hatte. Gerne hätte ich gefragt, was er denn eigentlich um diese Zeit im Wald zu suchen hatte, aber mein Anstand liess das nicht zu.

Ich konnte mein Hundeteam in einer nahe liegenden Scheune unterbringen, und der nette Unbekannte fuhr mich zurück zu meinem Fahrzeug. Als ich im Lichtkegel mein Auto und den Anhänger endlich erkennen konnte, wurde mir wesentlich wohler ums Herz. Ich stieg in mein Vehikel um und fuhr dem Waldmann hinterher, zurück zu meinen Schlittenhunden.

Mit heftigem Schmusen und viel Körperkontakt zeigten mir meine Freunde ihre Freude über das Wiedersehen. Gerne stiegen sie dann in den Anhänger, um endlich die wohlverdiente Ruhe nach sechs Stunden Irrfahrt zu geniessen.

Ganz ehrfürchtig erkundige ich mich bei meinem »Rasputin«, wie ich mich für diese gelungene Rettung erkenntlich zeigen könnte. Ein sanftes Lächeln überzog das runzelige Gesicht und er meinte: »Ach Mädchen, gib mir einen Kuss und dann fahr mit deinen Tieren nach Hause, damit ich endlich meine im Stall wartenden Kühe melken kann!«

Zu Hause angekommen, erwartet mich mein Ehemann. Er war schier ausser sich vor Wut, dass ich solange mit den Hunden unterwegs gewesen war und kein Lebenszeichen von mir gegeben hatte. Nach der warmen Dusche stieg ein angenehmer Duft in meine Nase. Wurde da zwischenzeitlich etwas Leckeres gezaubert? Der Ärger meines Mannes hatte sich gelegt und er verwöhnte mich mit einer herrlichen Pizza. Sogar die erwartete Lungenentzündung blieb aus.

Solche Erlebnisse müssten eigentlich nicht sein, aber irgendwie gehören sie eben auch zu diesem Sport. Meistens kann man kurze

Zeit später darüber lachen. Meine Hunde haben dieses Training ohne Schaden überstanden, obwohl sie über sechzig Kilometer gelaufen sind. Nur Phönix litt am nächsten Tag offensichtlich an einem kräftigen Muskelkater.

Die Geschichte geht aber noch weiter – und zeigt wieder einmal, wie klein die Welt doch eigentlich ist. Ungefähr zwei Wochen später streikte meine Küchenabwaschmaschine und ich musste einen Monteur kommen lassen. Am nächsten Tag begrüsste mich ein lachender Serviceman, reparierte die Maschine und sprach mich wegen meines etwas augenfälligen Autos vor der Garagentüre an. »Sind Sie etwa die Frau, die mein Vater vor zwei Wochen aus dem Wald heraus gerettet hat?« Autsch! Da stand ich wie ein begossener Pudel. Das durfte doch nicht wahr sein, dieser nette junge Mann war tatsächlich der Sohn meines Rasputins! Zum Glück sah ich mich nicht im Spiegel, denn von knallrot bis hin zu kreidebleich nahm mein Gesicht wechselweise so ziemlich jede Farbe an!

Extratipp

Ein Stück hartes Brot mit ein wenig Butter ergibt einen gesunden und nahrhaften Hundesnack.

Geschichten auf dem Huskytrail

Es gibt für mich nichts Schöneres, als mit den Huskies durch die verschneite Landschaft zu fahren und mein Gespann bei strahlendem Sonnenschein und klirrender Kälte zu dirigieren.

Anfang des Winters wurde es bitterkalt, fast wie in Alaska, aber Schnee lag leider noch nicht viel. Es reichte gerade, um über die Felder zu fahren. Bei minus zwanzig Grad fuhr ich mit den dick eingemummten Kindern als Passagieren durch die frostige Landschaft und sah dabei dem Sonnenuntergang zu. Vorbei an den Bauernhäusern, aus deren Kaminen sich Rauchwolken in den Himmel schlängelten, den Bach entlang, der aussah, als hätte die Eiszeit das Zepter in die Hände genommen, durch Wälder und über Brücken. Die Kinder wurden immer stiller, denn die schneidende Kälte liess ihnen doch etwas den Atem stocken. Alles lief toll und nach einigen Kilometern fuhren wir eine Schleife, um wieder den Rückweg anzutreten. Obwohl es nur geradeaus ging, wurde der Schlitten immer langsamer, bis die Hunde irgendwann frustriert stehen blieben und sich mit fragenden Blick zu mir umschauten. Sicher dachten sie, dass ihr Musher über den Sommer enorm an Gewicht zugelegt haben müsste. Ich konnte mir nicht erklären, warum der Schlitten so sehr im Schnee klebte und versuchte, die Hunde anzutreiben und mit Stossen und Pedalen zu helfen. Trotz der eisigen Kälte wurde mir schon bald gehörig warm. Die Kinder begannen über das Frieren und die langsame Fahrt zu jammern, während es mir immer heisser wurde. Der Rückweg schien unendlich lange zu dauern.

Als wir in der Ferne unser Auto erkennen konnten, schlugen die Hunde wieder einen leichten Trab an. Endlich angekommen stiegen die Kinder sofort ins Fahrzeug, ich versorgte die Hunde und nachdem alles verladen war, fuhren wir nach Hause. Erst dort inspizierte ich nun meinen Schlitten und konnte das Malheur kaum fassen: Die ursprünglich geklebten Beläge auf den Kufen hatten sich bei dieser grossen Kälte gelöst und irgendwann waren wir den Belägen einfach davon gefahren.

Nun wurde ich von grosser Betriebsamkeit erfasst, denn so kurz vor Weihnachten musste ich sofort schauen, wie der Schlitten wieder flott gemacht werden konnte. Da ich natürlich das Risiko nicht eingehen wollte, die Beläge wieder von den Kufen zu verlieren, musste der Schlitten mit Schienen und auswechselbaren Belägen umgerüstet werden. Aber auch das schafften wir und fuhren schon vor Weihnachten wieder durch den Schnee.

Ein anderes Mal, als wir mit zwei Schlitten einen gemütlichen Familienausflug unternahmen, hatten wir ein seltsames Erlebnis auf der Langlaufloipe: Kaum zu glauben, was sich da so alles tummelt. Schon von weitem sahen wir auf der klassischen Langlaufspur eine Frau wild umherfuchteln, die dazu Zeter und Mordio schrie. Ihr Gekreische machte unsere Hunde immer schneller, denn die bekamen schier einen Herzinfarkt von so viel Lärm. Auf Höhe der Langläuferin angekommen, stoppte ich mein Huskygefährt und fragte, ob ich irgendwie helfen könne. Daraufhin bekam die Dame einen noch lauteren Schreikrampf und brüllte mich gehässig an, dass ich mich mit meinen Viechern zum Teufel scheren solle. Ich verstand die Welt nicht mehr, denn erstens ist an jedem Loipeneinstieg offiziell angeschrieben, an welchen Tagen und zu welchen Zeiten Schlittenhundegespanne unterwegs sein könnten und zweitens fuhren wir ganz brav auf der Skatingspur, die zur klassischen Loipe mindestens einen Abstand von fünf Metern hatte. Schnell war mir klar, dass ich hier wohl nicht behilflich sein konnte. Ich löste den Schneeanker und wir fuhren weiter. Das schreiende Ungeheuer liessen wir hinter uns. Nach dem ersten Schreck konnte sich unsere ganze Familie das Lachen dann doch nicht mehr verkneifen. Leute gibt's ...

Auf unserem Haustrail lernten wir auch jede Menge andere Musher kennen. Wer nun aber meint, Musher seien bessere Menschen, nur weil sie Hunde besitzen und mit Tieren umgehen können oder es wenigstens sollten, der täuscht sich enorm. Was wir da alles erlebten, würde den Rahmen meines Buches sprengen! Da gab es Musher, die auf dem Trail nicht nur ihre Hunde, sondern auch noch die Kinder, Ehefrau und fremde Tiere schlugen. Nur zu oft herrschte ein gehässiger und gestresster Ton. Einmal wurde einer meiner Hunde so mit den Füssen in den Bauch getreten, dass er blutigen Durchfall bekam und wir den Tierarzt aufsuchen mussten. Ein anderer Musher schickte mir andauernd E-mails: Er fühlte sich als der »Huskyflüsterer« und wollte mich belehren. Es gab auch Musher, die sich für ganz schlau hielten und sich zu Unzeiten auf den Trail schlichen oder sich einfach nicht ins Musherbuch einschrieben, damit sie die Trailbenutzungsgebühr nicht bezahlen mussten. Die Stories, die dann am Stake-out-Platz zum Besten gegeben wurden, hatten es auch in sich: Hundediebstähle, Schlittendiebstähle ... dabei war ich doch der Meinung, dass Tierfreunde treue und ehrliche Menschen seien – und nun wurde ich eines Besseren belehrt. Zum Glück gab es aber auch viele positive Erlebnisse und es entstanden tolle Freundschaften, die ich nicht mehr missen möchte.

Eines wunderschönen, kalten Winterabends traf ich erneut am Musherparkplatz ein und freute mich riesig auf das bevorstehende Training. Im Gepäck befand sich mein nigelnagelneuer Tobbogeenschlitten. Etwa mulmig war mir schon mit dem neuen Schlitten und ich hatte die fixe Idee gehabt, gleich beim ersten Start alle sechs Hunde einzuspannen. Einige Schlittenhundeführer warteten schon mit ihren Hunden am Start und ich konnte in aller Ruhe abladen, mich noch umsehen und mit anderen diskutieren, bevor ich selbst an den Start ging. Als es endlich soweit war, hatten sich meine Hunde schon auf 180 gesteigert und waren sehr ungeduldig. Sie heulten, stiessen in der Kälte mit jedem Atemzug weisse Dampfwolken aus und pinkelten vor lauter Aufregung gelbe Löcher in den Schnee.

Endlich ging es los. Vorne die brüllenden, vor Aufregung und Freude schier ausrastenden, allradangetriebenen Freunde und hinten ich, die Notleine in den Händen, mit aller Kraft auf der Bremse stehend. Nachdem ich den Schlitten gelöst hatte und der Anker versorgt war, flog mein Schlitten wie vom Blitz getroffen in Richtung Trail. Mein Herzschlag erhöhte sich merklich! Nichts wäre bei den vielen Zuschauern peinlicher, als einen schlechten Start hinzulegen. Kaum hatte ich diesen Gedanken gedacht, flog mein Schlitten in die Luft, mich katapultierte es im hohen Bogen in den Schnee und die Notleine riss es mir mit roher Gewalt aus der Hand. Das darf doch nicht wahr sein! Halt stopp, Hunde wartet, ich stehe ja gar nicht mehr auf dem Schlitten ...

Ich rannte zurück zum Parkplatz. Eine gute Musherseele hatte Erbarmen mit mir, liess mich in sein Auto steigen und fuhr, soweit es ging, den Trail ab. Das Gespann war aber längst aus unserem Blickwinkel verschwunden. Als eine Weiterfahrt nicht mehr möglich war, sprang ich aus dem Auto und kämpfte mich durch den knietiefen Schnee. Mensch, wenn doch meine Kondition nur besser wäre! Schritt um Schritt stampfte ich mich vorwärts und sank dazu jedesmal kräftig ein. Endlich stand ich wieder auf der Loipe und eine grausige Angst sass mir nun im Nacken. Langsam füllten sich meine Augen mit Tränen. Meine geliebten Huskies, was ihnen nun alles geschehen könnte! Was mache ich wenn der Schlitten kippt, die Hunde sich in den Leinen verwirren, sich die Beine brechen, in den Fluss stürzen oder auf die Strasse kommen und überfahren werden? Sie könnten bei einem Bauern im Stall landen, dessen Hühner fressen und vom wütigen Besitzer erschossen werden. Jetzt hatte ich jahrelang ein Team aufgebaut, war stolz auf die Tiere und nun sollte dies alles in Gefahr sein! Auf meinem tränenüberströmten Gesicht spürte ich die eisige Luft. Obwohl ich Nase und Lippen tüchtig mit Vaseline eingecremt hatte, schmerzte der eisige Wind immer mehr. Die Unsicherheit in meinem Bauch hatte sich inzwischen im ganzen Körper ausgebreitet.

Schritt um Schritt lief ich den Trail ab. Plötzlich sah ich in der Ferne mein Schlittenhundegespann mit rasender Geschwindigkeit geschmeidig über den Schnee gleiten. Ich stellte mich mitten auf den Trail und wartete, was geschehen würde. Mein Leithund hatte das Gespann sicher über die ganze Strecke geführt und stoppte vor meinen Füssen ab. Er schaute mich mit seinen braunen schräg gestellten Augen an, als wollte er sagen: »Was, du stehst gar nicht auf dem Schlitten? Sorry, hab ich gar nicht bemerkt!«

Sechs Hunde, die Köpfe voller glitzernder Schneesterne, die Zungen fast am Boden, warteten nun ganz geduldig, bis ich mich wieder auf den Schlitten gestellt hatte. Nach dem Kommando »go« ging es dann wieder richtig los. Nur, dass ich diese Fahrt nun in vollen Zügen geniessen konnte. Es war wunderschön, eisig kalt und sternenklar. Wir beschlossen diesen Abend, der so schlecht angefangen hatte, noch ausgiebig zu geniessen. Runde um Runde fuhren wir und jedes Zeitgefühl kam mir abhanden. Als es immer kälter wurde und meine Hunde schon über dreissig Kilometer in den Beinen hatten, musste ich sie immer noch überzeugen, dass es nun doch genug für heute sei und wir an einen Aufbruch denken sollten. Der Parkplatz war inzwischen menschenleer.

Alle meine Hunde wurden einzeln gekrault und dann nach dem Trinken verladen. Im Lichtkegel der Stirnlampe betrat ich meine

Flugstelle von vorhin. Mir war immer noch nicht klar, was mich so abrupt zu Fall gebracht hatte. Das Unheil war bald gefunden: Irgendein netter Mensch hatte sein Holz liegen lassen. Das war halb eingeschneit worden und natürlich hatte ich es übersehen. Ein armdickes Holzstück lugte vorwitzig aus dem Schnee hervor und hatte mich beim Darüberfahren vom Schlitten geschleudert.

Solche Ereignisse schweissen Hund und Mensch noch enger zusammen, denn die Tiere bemerken ganz genau, wenn irgendetwas nicht so läuft, wie es sollte. Wichtig ist in einem solchen Moment, dass man die Hunde nie bestraft, wenn sie zurückkommen, auch wenn man noch so lange gewartet hat. Jedes freiwillige Zurückkommen muss belohnt werden, denn nur so bleibt das Vertrauen zwischen Hund und Mensch auch bestehen. Eine Kommunikation ohne viele Worte, kein Brüllen und vor allem keine Gewalt – das wird von den Hunden am besten verstanden. Die Tiere orientieren sich nämlich nicht nur an unserer Sprache, sondern auch an unseren Gefühlen, der Körperhaltung und an unseren Ausdünstungen.

Folgendes Sprichwort ist da ein schwacher Trost: »Jeder Musher verliert zweimal sein Team!«

Ja, die Pechsträhne hielt an! Beim nächsten Mal passierte es nicht mir, aber es waren wieder meine Hunde. Der geliebte Ehemann, der seine Zeit in einem stressigen Managerjob verbringt, arbeitet im Familienhuskyteam meistens als Doghandler. Selten steht er auf dem Schlitten, aber bei diesen wunderbaren Schneeverhältnissen bekam er doch Lust auf das Selberfahren und wir teilten uns die Hunde auf. Mit je drei Huskies und zwei Schlitten fuhren wir über die weissen Felder. Meine Tiere versuchten, während der Fahrt miteinander zu spielen und verwickelten sich dann dummerweise in den Leinen. Der Gatte fuhr auf gleiche Höhe und wollte mir behilflich sein. Was er da aber vorführte, übertraf meine kühnsten Gedanken! Frisch – fröhlich stand er auf seiner Bremsmatte und hantierte an meinem Gespann rum. Die Bremsmatte ist ja eigentlich gedacht, um während des Fahrens dosiert zu bremsen, aber nie und nimmer kann sie einen Schlitten halten.

Plötzlich gab es einen leichten Ruck und mein Helfer stand ganz verdutzt neben dem Schlitten. Er kam nicht mehr dazu, sich am Schlitten festzuhalten. Schon wieder schoss das Gespann alleine durch die Gegend. Sofort löste ich meinen Anker und trieb die Hunde an. Ich pedalte wie wild, um die Geschwindigkeit zu steigern, bei den

Schussfahrten ging ich in die Knie, damit wir noch windschlüpfriger wurden und so begann die grosse Aufholjagd. In meinem Team lief Timo, der Leithund. Das andere Gespann wurde von Whisky geführt und dessen Qualitäten als Leithund hatten mich noch nie überzeugt. Er lässt sich von allem ablenken, seien das Katzen, fremde Hunde oder Hühner. Ich rannte mit meinem Schlitten fast um mein Leben und wir konnten das führerlose Team nach einer richtigen Hetzjagd wieder einholen. Ja, ja diese Huskies wollen einfach nur das Eine: Laufen, laufen, laufen, soweit die Pfoten tragen und das natürlich auch, wenn kein Musher auf dem Schlitten steht! Das nächste Problem stand nun an. Wie würde ich es fertig bringen, zwei Gespanne gleichzeitig zurückzufahren? Aber Not macht erfinderisch. Die Notleinen beider Schlitten befestigte ich an meinem Bauchgurt, dann stellte ich einen Fuss auf die Kufe meines Schlittens und den anderen auf die Kufe des zweiten. Die eine Hand hielt den linken Schlitten und die andere den rechten. Toll, sogar das Kurvenfahren klappte! Auf halber Strecke kam uns dann ein Jogger im Skidress entgegen – mein Mann! Völlig durchnässt, kreideweiss, vom schlechten Gewissen gezeichnet. An den Füssen keine Joggingschuhe, sondern Moonboots. War das ein Anblick! Der arme Mann war so ziemlich fix und fertig und wusste nicht, ob er sich nun freuen sollte oder ob der Ärger überhand nehmen würde. Zum Glück siegte die Freude, aber die Lust am Weiterfahren war ihm gründlich vergangen.

Wir packten unsere Utensilien zusammen und nahmen den Nachhauseweg unter die Räder.

Ja, ja mein Göttergatte, als Doghandler kann man dich knapp gebrauchen, aber als Musher musst du noch sehr viel lernen! Nach diesem Erlebnis fehlte es mir nicht an der nötigen Bettschwere und bald befand ich mich im Land der Träume ...

TIERPSYCHOLOGIE

Meine tierpsychologische Ausbildung hat mir sehr viel geholfen, mein Rudel mit so vielen unkastrierten Rüden ohne Streitereien zu führen. Jeder Hund besitzt im Rudel seine Position und eine Aufgabe. Dies muss ich als Mensch akzeptieren, denn die Hunde haben diese Ordnung unter sich ausgemacht. Solange ich an diesem Gefüge nichts verändere, herrschen Harmonie und Zufriedenheit. Auch wenn es manchmal schmerzt, ich muss akzeptieren, dass es in jedem Rudel einen Omegahund ganz am Ende der Rangordnung gibt und muss ihm die Futterschüssel zuletzt hinstellen. Auch bei den Streicheleinheiten kommt er immer am Schluss an die Reihe, was natürlich nicht bedeutet, dass er immer weniger bekommt als die anderen! Ich halte nur die hierarchische Reihenfolge ein.

Wenn ich die Ordnung der Hunde akzeptiere, nehmen sie ihrerseits auch meine Befehle ohne zu murren auf. Im Gespann könnte ich nie das Alphatier neben dem Omegatier laufen lassen: Der Omega würde es nicht wagen, dem Chef Konkurrenz zu machen! Früher habe ich diesen Fehler einmal gemacht – mein Omega setzte sich prompt auf den Boden, weil er es nicht wagen wollte, mit dem Rudelchef auf gleicher Höhe zu laufen.

Mein erlerntes Wissen setze ich nun auch erfolgreich bei fremden Hunden ein. Oft brauchen deren Besitzer eine grosse Portion Mut, bis sie bei Verhaltensstörungen des Haustieres einen Tierpsychologen um Rat fragen. Die meisten Hundebesitzer sind sehr verzweifelt, wenn sie sich bei mir melden. Weil sie sich auf keinen Fall von ihrem Tier trennen möchten, sind sie meistens bereit, meine Anweisungen strikt zu befolgen, was dann oft erstaunlich rasch zum ersehnten Ziel führt.

Viele Verhaltensstörungen beim Hund entstehen durch einen Mangel an Früherfahrungen. Wenig Kontakt mit fremden Menschen oder Kindern in den ersten Monaten führt im erwachsenen Alter zu einer ängstlichen Reaktion gegenüber Menschen und Kindern. Wenn Welpen zu früh vom Wurf getrennt wurden, zeigen sie später Angst vor anderen Hunden.

Werden die ersten Lebensmonate in abgeschiedener ländlicher Umgebung verbracht, können sie sich später nicht an das Leben in einer lauten, beengten städtischen Umgebung anpassen.

Manchmal entstehen auch Probleme, die durch ein Mangel an notwendigem Verhaltenstraining ausgelöst werden. Dazu »trainieren« manche Besitzer ihren Tieren ungewollt Problemverhaltensweisen an. Am häufigsten sind solche Verhaltenssituationen, in denen in der Vergangenheit Betteln, z.B. um Futter mit Bellen gefordert wurde und der Besitzer dieser Forderung nachkam und somit den Hund für das »Bellen« belohnte. Eine Verhaltensform kann sich dadurch zu einer festen Gewohnheit entwickeln.

Meine Arbeit besteht nun darin, den Tierbesitzern aufzuzeigen, warum sich ihr Tier »falsch« verhält und genaue Anweisungen zu erteilen, wie reagiert werden muss, damit die angelernte Verhaltensstörung wieder abtrainiert wird.

Extratipp

Spuckt Ihr Hund die Tabletten, die er einnehmen sollte immer aus? Diese kurz in Butter wenden und dem Tier wird das Rausspucken unmöglich.

Eine Vision

Durch die Arbeit mit meinen Schlittenhunden füllt sich mein Kopf immer wieder mit neuen Ideen und Visionen. Irgendwie hatte es sich bei den Lehrern der örtlichen Schulen herumgesprochen, dass wir ein Rudel Huskies besitzen und so bekam ich des Öfteren Anfragen, um Schlittenhundefahrten mit Kindern zu machen, Vorträge zu halten und so weiter. Diese Anlässe bieten mir eine willkommene Abwechslung und machen riesig Spass! Zurück bleiben jeweils wunderschöne Erinnerungen. Viele Kindergärten und Schulklassen besuchten unseren Kennel schon und wenn Frau Holle gütig gestimmt war, dann konnten wir direkt vor unserer Haustür einen Schlittenhundetrail anlegen. Oft begleiteten uns die strahlende Sonne und die wunderschöne Bergwelt als Kulisse, und das fröhliche Kinderlachen ertönte durch das ganze Dorf. Im Handumdrehen verwandelte sich dann der Trail in einen richtigen Schneespielplatz. Es ist wahrlich ein wunderschöner Anblick, wenn zwanzig Kinder mit unseren sechs Huskies im Schnee herumtollen. Meine Hunde geniessen jede Streicheleinheit. Sogar die ängstlicheren Kinder setzten sich wie selbstverständlich in den Schlitten, nachdem sie mit den Hunden eingehend Kontakt und Freundschaft geschlossen hatten.

Die Geschichten, die ich dann von meinen kleinen Passagieren zu hören bekomme, sind einmalig. Viele Kinder erzählen mir aus ihrem Leben oder von der Schule. Der Freude oder dem Kummer lassen sie freien Lauf. Ab und zu findet sogar eines seinen Traumberuf: Schlittenhundeführer! Es kommt auch vor, dass die Kinder versuchen, mich auszutricksen und wieder hinten anstehen, um nochmals eine Fahrt im Schlitten zu geniessen. Wenn es die Zeit erlaubt, gehe ich auf solche Spiele ein, vor allem, wenn es sich dann noch um Kinder handelt, die einfach nicht zu verwechseln sind. Da hatte ich einmal in einem Kindergarten einen schwarzen Jungen. Ihn im Schnee zu verwechseln, wäre schier unmöglich gewesen! Der kleine Kerl stellte sich immer wieder hinten an und ich musste mir mein Lachen schon richtig verkneifen. Sind dann die Klassen wieder abgefahren, dann füllt sich mein Briefkasten ein paar Tage später mit Post. Zeichnungen und Dankesschreiben flattern ins Haus und erfreuen mein Herz. Dies ist für mich die grösste Anerkennung und gibt mir die Kraft, diese Aktivitäten auch weiterhin durchzuführen. Kinder- und Huskyaugen, die um die Wette strahlen, das ist doch das Schönste!

Wenn ich mit solchen Anlässen ein wenig dazu beitragen kann, dass diese Welt besser wird, dann ist doch der Zweck mehr als erfüllt. Mir ist klar, dass die heutige Generation kaum mehr geändert werden kann, aber wenn unsere Kinder zur Umwelt und den Tieren ein besseres Verhältnis aufbauen können, dann sehe ich für die Mutter Erde doch wieder einen Hoffnungsschimmer.

Extratipp

Kaltgerührtes Hagebuttenmus löffelweise unters Futter gemischt, liefert wertvolles Vitamin C, das Stressvitamin in Zeiten körperlicher und seelischer Belastung.

Wann ist ein Musher traurig?

Eigentlich sollte ein Musher überhaupt nie traurig sein, denn schon der Besitz solch toller Hunde ist ein Grund zum Überglücklichsein!

Leider komme ich aber des Öfteren an meine körperlichen Grenzen und bin auf die Hilfe eines Doghandlers angewiesen. Mein Mann ist beruflich mehr als ausgelastet und so lande ich ab und zu in einer seelischen Zwickmühle. Einen überarbeiteten Manager noch zur Mitarbeit in der Kälte zu überreden, ist nicht immer ein einfaches Unterfangen. Steht dann in der Tagespresse noch ein interessanter Artikel über ein Schlittenhunderennen in der Region, dann kommen mir schon zwischendurch die Tränen, wenn ich wieder nicht daran teilgenommen habe. Ich besitze jetzt zwar ein winter- und huskytaugliches Auto, aber da die Rennen immer übers Wochenende andauern, ist damit die Schlafmöglichkeit mit der ganzen Familie noch nicht gelöst. Wie kriege ich einen Manager dazu, dass er Freude am Campieren bekommt? Wie überzeuge ich meine Teenager, dass es nichts Schöneres gibt, als sich tagelang draussen im Schnee aufzuhalten und dass ein Leben ohne Computer und Internet furchtbar spannend sein kann?

An diesen Problemen muss ich noch kräftig arbeiten, aber da ich im Sternzeichen Widder geboren bin, existiert das Wort »aufgeben« in meinem Vokabular sowieso nicht. Zudem sind Träume so wunderschön – und die lasse ich mir von niemandem nehmen!

Meine »nördlichen Träume« begleiten mich oft. Wie schön wäre es doch, draussen im Schnee zu sitzen, irgendwo im Norden an einem Waldrand und meiner spielenden Huskybande zuzusehen! Im Hintergrund erhebt sich eine wunderschöne Blockhütte. Aus dem Kamin steigt eine lustige Rauchzunge hervor und zeigt an, dass es im Innern sicher gemütlich warm ist. Bizzare Eiskristalle zieren die kleinen Fenster mit den lustigen Vorhängen und der Duft von frischem Brot steigt mir langsam in die Nase. Die Schatten der grossen Tannen werfen ein umwerfendes Muster auf den klirrenden Schnee und am Horizont erscheint langsam ein farbenprächtiges Nordlicht. Hinter der Hütte erscheint ein Mann mit frisch gehacktem Holz unter dem Arm und trägt es zum Ofen. Hei, das ist ja meine bessere Hälfte, mein Manager kann Holz hacken! Toll, das hätte ich ihm wirklich nicht zugetraut!

Doch was ist denn das? Ein Telefon klingelt und reisst mich aus dem wunderschönen Tagtraum. Wer wagt es, mich zu stören? Mein Gatte! Er teilt mir mit, dass es heute Abend wieder mal etwas später werden könnte, da noch so viel Arbeit zu erledigen sei. Der Alltag hat mich wieder zurückgeholt. Wie schön sind da meine Wunschträume, sie kosten nichts, ich brauche nicht zu verreisen und kann es doch in allen Zügen geniessen.

Es ist bestimmt auch klüger, es beim Träumen zu lassen, denn ob sich mein Managergatte für die Wildnis eignen würde, das bezweifle ich dann doch sehr. Über 27 Jahre sind wir nun schon zusammen und lieben uns noch immer. Das ist in der heutigen Zeit wirklich nicht mehr selbstverständlich. Wir sind zwei ganz verschiedene Individuen und die Interessen, Hobbies und Lebenseinstellungen klaffen bei uns ziemlich stark auseinander. Doch das gegenseitige Vertrauen genügt, dass jeder von uns sein Leben nach der eigenen Facon leben kann und zwischendurch treffen wir uns in der Mitte, um gemeinsam etwas zu unternehmen. Mit diesem Rezept sind wir bis heute ganz gut gefahren und ein gestresster Manager kann so sogar mit einem Rudel Huskies, Kindern, Kaninchen, Enten, Gänsen, Hühnern, Katzen, Rennmäusen und grossem Garten leben, ohne öfters eine Krise zu bekommen.

Die Mischung aus Manager und Musher ergibt einen spannenden Ausgleich und sorgt dafür, dass es in unserer Familie nie, aber wirklich nie langweilig wird.

HUSKYLODGE

Unsere Schlitten, Trainingswagen und sonstigen Utensilien benötigten dringend mehr Platz. Einiges stapelte sich in der Waschküche. Im Sommer mag das noch gehen, aber wenn dann der Herbst langsam über das Land zieht und die Temperaturen kälter werden, bin ich gezwungen, die Wäsche wieder drinnen trocknen zu lassen, was mit den vielen Huskysachen schon fast ein Ding der Unmöglichkeit geworden ist. Wir suchten deshalb nach einer geeigneten Lösung und bald stand fest: Eine neue Garage musste her! Aber es durfte keine gewöhnliche sein, nein ein Gebäude mit Keller und einem Obergeschoss wünschten wir uns und natürlich alles aus Holz.

Die Planung ging rasch voran. Die Handwerker fanden wir im Dorf und dem Start stand eigentlich nichts mehr im Wege. Doch wie sagt man so schön? »Bauen ist eine Lust«. Lange spannten uns die Handwerker auf die Folter, denn immer kam ihnen etwas Wichtigeres dazwischen. Doch was lange währt wird endlich gut und der erste Spatenstich wurde doch noch ausgeführt.

Die nächsten Sommerferien verbrachte die ganze Familie mit Pinsel bewaffnet im Garten: Holz streichen war angesagt. Nicht gerade Traumferien, aber wenn die Sonne dazu lacht, dann kann sogar das Malen Spass machen. Tja, es gab auch hier ein paar Zwischenfälle, denn mein Schatz ist ein total kopflastiger Mensch und hat leider zwei linke Hände. Irgendwie fühlte er sich in den Malerhosen gar nicht wohl und hatte sogar das Gefühl, dass er von den vorbeigehenden Passanten ausgelacht würde. Mir war zwar nicht klar warum, denn so abwegig ist doch diese Arbeit nun wirklich nicht. Na ja, auf jeden Fall brachte er es fertig, einen falschen Tritt zu machen und stürzte direkt in den Farbkübel. Die ganze Lasurfarbe floss in Bächen über den Boden. Eine grosse Reinigungsaktion folgte und der Tag war buchstäblich... im Eimer!

Der Bau verzögerte sich und es dauerte Monate, bis wir endlich mit dem Einräumen beginnen konnten. Das heisst nein, einräumen war masslos übertrieben, denn – oh Schreck – diese Garage verfügte über keine Treppen. Einzig zwei grosse Löcher zierten das Gebäude. Es sah auch nicht mehr nach einer Baustelle aus, die Handwerker hatten zusammengepackt und waren verschwunden. Dabei hatten wir doch sämtliche Baurechnungen pünktlich bezahlt! Ein Telefonat mit dem Zimmermann sollte Klärung bringen, aber nach diesem Gespräch verstand unsere Familie die Welt nicht mehr. Dieser Mann hatte doch wirklich die Frechheit, uns mitzuteilen, dass er uns die Schreinerarbeiten selbstverständlich ohne Treppen offeriert hätte und wir ihm nicht mitgeteilt hätten, dass wir diese wünschten. So eine Gemeinheit, sollten wir uns jetzt eigentlich abseilen? Ist das nun die viel zitierte Schweizer Genauigkeit? Wohl eher nicht! Nach langem Hin und Her versprach der Herr uns gnädigst, die Treppen noch anzufertigen, aber selbstverständlich müssten wir diese extra bezahlen und noch ein paar Wochen ausharren. Mit der Faust im Sack willigten wir ein, jedoch wurden aus den Wochen Monate.

Endlich konnten die Huskysachen doch noch eingeräumt werden, aber irgendwie hatte diese Garagengeschichte unseren Glauben in das einheimische Handwerkergebilde schwer geschädigt. Zudem kamen noch viele andere Dinge zum Vorschein. So hatte doch der Maurer vergessen, beim Garagentorboden ein Gefälle zu machen und der Regen lief direkt ins Innere. Bei kalten Wintertemperaturen konnten wir in der Garage die Schlittschuhe anziehen und unsere Runden drehen. Mit Murren wurde vom Handwerker dieses Malheur behoben.

Aber oh Schreck! Als ich das nächste Mal mit meiner Huskybande zum Training starten wollte, da liess sich das Schiebetor der Garage keinen Millimeter mehr öffnen. Der Mann hatte es tatsächlich fertiggebracht, die Garagentüre gleich mit anzubetonieren. Noch nie hatte ich in meinem Leben so laut den Frust in die Gegend gebrüllt wie an diesem Morgen!

Mit dem Frühling kam auch der grosse Regen. In diesem Jahr suchte sich das Wasser einen ganz speziellen Weg und floss durch alle Bodenfugen direkt in die Huskylodge. Hörte denn dieser Ärger eigentlich nie auf? Wie kommt denn so was? Nach einem klärenden Gespräch war klar: Unser Maurerschätzli hatte vergessen, während des Bauens einen Regenwasserabfluss zu erstellen. Zudem konnte am vorgesehenen Platz das Fass für das Regenwasser nicht aufgestellt werden, da der Durchgang sonst zu schmal gewesen wäre und die Fahnenstange stand so nahe, dass unsere geliebte Alaskafahne immer am Dach ankam und innerhalb kürzester Zeit zerrissen war. Im Obergeschoss hatten wir einen wunderbaren Ziegelblick, da das Unterdach einfach vergessen worden war.

Wie wird diese Geschichte noch weitergehen? Wir wissen es nicht, aber dieses Flickwerk wird uns bestimmt noch verschiedene Ärgernisse an den Tag bringen. Zum Glück ist wenigstens mein Vater handwerklich begabt und konnte verschiedene Sachen noch zum Guten wenden.

Heute befindet sich im Obergeschoss meine Tierheilpraxis. Das Mobiliar wurde aus Lothar-Sturmholz selber gezimmert und verleiht dem Raum eine ganz spezielle und heimelige Atmosphäre. Ich freue mich, dort meine kranken Patienten empfangen zu können. Ab und zu veranstalten wir in der Huskylodge auch Workshops zu verschiedenen tierischen Themen.

DER JAHRHUNDERTSOMMER

Dieser Sommer hatte es wirklich in sich. Wochenlang, nein monatelang Sonnenschein und hochsommerliche Temperaturen. Meine Huskies liessen von Tag zu Tag mehr Haare fallen und die Unterwolle füllte ganze Säcke. Dieses Jahr war die Ausbeute riesig. Meine Hunde wurden richtig mager ohne das schöne Winterfell. Ist ja klar, auch wir laufen im Sommer nicht mit dem Skidress umher, aber ehrlich gesagt, gefallen mir die Hunde im Winter viel besser! So wie sie nun aussahen, erinnerten sie mich eher an nordische Nackthunde und nicht an Schlittenhunde.

Trotzdem genossen wir den Jahrhundertsommer in vollen Zügen. Im Liegestuhl flankiert von sechs Huskies ein spannendes Buch lesen, das war wirklich etwas Besonderes. Wenigstens kühlte es auf unserer Höhe während der Nacht etwas ab, so dass wir unseren Schlaf doch noch finden konnten.

Eines Nachts jedoch weckte mich ein »Wuff«, das ganz klar aus unserem Garten kam. Sofort spitze ich die Ohren. Das »Wuff« konnte ich nun deutlich vernehmen und es wurde sogar immer lauter. Mit der Taschenlampe bewaffnet ging ich nach draussen und sah unseren weissen Freund Phönix zuoberst auf dem Pizzaofen sitzen, die Nase in Richtung Nachbars Kirschbaum gerichtet. Was soll den das wieder geben? Im Strahl der Taschenlampe konnte ich nichts Ungewöhnliches erkennen. Ich versuchte, Phönix gut zu zureden und schliesslich stieg er widerwillig vom Ofen herunter und marschierte Richtung Hundehütte davon.

Kaum lag ich wieder im Bett und hatte mich zum Träumen so richtig schön ausgestreckt, ertönte das »Wuff« schon wieder. Dieses Mal laut und energisch. Hund, willst du denn das ganze Dorf wecken? Erneut begab ich mich nach draussen, aber schon wesentlich schlechter gelaunt, denn unterdessen war nun auch mein Göttergatte aus seinem Schönheitsschlaf erwacht und hatte schon brummend reklamiert, was das denn solle. Kaum sah mich Phönix, verschwand er freiwillig in seiner Hütte. Braver Hund, jetzt will ich aber wirklich schlafen! Das »Gewuff« wurde aber bald wieder deutlich hörbar und es hatte nicht den Anschein, dass es in nächster Zeit aufhören würde. Jetzt reichte es aber endgültig, dann sollte er doch bellen bis die ganze Nachbarschaft wach wird, ich wollte jetzt schlafen! Decke hoch und gute Nacht!

Am nächsten Nachmittag marschierte meine Nachbarin bei mir ein, das Badetuch unter dem Arm, um sich in unserem Pool abzukühlen und eine Runde zu schwimmen. So nebenbei fragte sie mich, ob uns ihr Mann nachts nicht stören würde, er schlafe nämlich bei dieser Hitze draussen unter dem Kirschbaum und schnarche ziemlich laut. Jetzt bekam ich schier einen Lachkrampf und konnte ihr die Antwort geben, dass wir in unserer Nachtruhe überhaupt nicht gestört seien, unser Phönix dagegen schon!

Dieser warme Sommer hatte es wirklich in sich und unsere anderen Tiere hatten offenbar beschlossen, sich kräftig zu vermehren. Klar, das kann – oder vielmehr könnte – man steuern, aber was bei unseren Zwergkaninchen passierte, das übertraf sogar meine Phantasie. Vorsichtig, wie wir sind, hatten wir zwei Freigehege gebaut. Eines für die Frauen und eines für die Männer. Die Abtrennung erfolgte durch ein starkes Maschendrahtzaungitter, das tief in den Boden eingegraben wurde. Kaninchen graben nun einmal und wir liessen ihnen diese natürliche Eigenart. Wurden die Gräben zu lang, schütteten wir sie einfach wieder zu. Eines Morgens führten unsere Huskies hinter dem Zaun einen riesigen Huskytanz auf, der uns mit grosser Bestimmtheit mitteilte, dass sich irgendetwas Ungewöhnliches abspielte.

Ich traute meinen Augen nicht, denn im Gehege der Kaninchen sprangen massenhaft junge Kaninchen umher! Es bescherte unserer Familie mehrere Tage Arbeit, bis wir sie alle eingefangen hatten. Als wir der Sache auf den Grund gingen, mussten wir feststellen, dass die Weibchen meterlange Gänge unter dem Zaun durch bis ins Gehege der Männer gegraben hatten und deshalb natürlich auch schwanger wurden. Nie sahen wir jedoch tagsüber, dass die Frauchen die Männchen besuchten, das musste alles heimlich während der Nacht geschehen sein! Fazit der Angelegenheit war, dass unsere Kaninchenfamilie in diesem wunderschönen Sommer auf 23 Stück angewachsen war. Jedes bekam einen passenden Namen und ans Weggeben konnte überhaupt nicht gedacht werden, wohl eher ans Bauen neuer Gehege!

Eines Morgens stellte ich fest, dass einige Kaninchen fehlten und die Tür zum Stall sperrangelweit offen stand. Oft geschehen Dinge, die kann man sich einfach nicht erklären. Rein in die Stiefel, Fangnetz zur Hand und auf Hasensuche! Nach kurzer Zeit hatte ich unsere Hasenbande schon fast wieder vollzählig. Nur eines entwischte mir wieder und suchte Schutz unter der Kaninchenkiste. Gut so, hier erwische ich dich auf jeden Fall! Auf der einen Seite baute ich eine Barrikade auf, und als ich einen Blick darunter wagte, hatte ich das komische Gefühl, dass mir jemand zuschauen würde. Vorsichtig hob ich den Kopf und sah in die andere Richtung. Oh Gott! Auf der andern Seite des Kaninchenstalles standen meine sechs Huskies. Alle hielten den Kopf in Schräglage und schauten ganz gespannt unter den Stall. Hatte ich in der Aufregung vergessen, das Gartentor zu schliessen oder konnten diese Bengel die Türe jetzt schon selber öffnen? Jetzt nur ganz cool bleiben, sonst würde ich den restlichen Tag mit Hundesuchen in der ganzen Region verbringen und könnte vermutlich morgen bei den Bauern alle toten Hähne und Hühner ersetzen. Ich sah schon die Schlagzeile in der Tageszeitung: »Ein Rudel Wölfe wütete in Homberg!« Mir blieb wohl nichts erspart. Doch dann ein gezielter Griff, ich zog das Kaninchen hervor und liess es sofort in der Kiste verschwinden, stand dann auf und sagte: »Tolle Jungs, nun aber sofort zurück in den Garten und ein Guetzli bekommt ihr auch noch.« Ich öffnete das Tor und meine Herren trotteten gemütlich zurück in den Garten, bekamen ihre Belohnung und die Situation entschärfte sich. Danach setzte ich mich auf einen Stuhl und atmete erst einmal tief durch.

Neugierige Hundenasen wollen eben auch im Sommer etwas erleben! In unserem Garten ist zum Glück für Abwechslung wirklich gesorgt. In den wärmeren Monaten verwöhne ich meine Hunde auch ab und zu mit selbstgebackenen Snacks. Hier das Lieblingsrezept unserer Huskybande:

REZEPT: KÄSESNACK

100 g geriebener Emmentaler

150 g Butter

200 g Mehl

1 zerdrückte Knoblauchzehe

1/4 Teelöffel Salz

2 Eigelb

2 Eiweiss

Sämtliche Zutaten miteinander verkneten, ohne das Eiweiss.

Auf einer bemehlten Unterlage den Teig einen Zentimeter dick ausrollen und mit Keksformen beliebige Formen ausstechen. Diese mit dem verquirlten Eiweiss bestreichen und im vorgeheizten Ofen die Käsesnacks bei 190 Grad Celsius ca. 20 Minuten backen.

Bon Appetit!

Homöopathie für meine Hunde

Nachdem zwei meiner Hunde an Futtermittelallergien litten und ein dritter immer Probleme nach den Impfungen hatte, wollte ich mich auf dem Gebiet der Tiernaturheilkunde weiterbilden und begann deshalb mit der Ausbildung zur Tierhomöopathin.

Die Homöopathie spielt in der Naturheilkunde sicherlich die wichtigste Rolle, um Funktionsstörungen im Körper auf natürliche Weise anzugehen. Ihr Begründer Samuel Hahnemann (1755 - 1843) erkannte, dass eine in konzentrierter Form eingenommene Substanz in einem gesunden Körper bestimmte Krankheitssymptome hervorruft – das gleiche Mittel jedoch in potenzierter Form exakt diese Symptome heilen kann.

Zum Beispiel ruft der Stich einer Biene ein bestimmtes »Krankheitsbild« hervor – gibt man nun homöopathisch verdünntes Bienengift (Apis) als Heilmittel, so wird es exakt dieses Symptom heilen. Nach diesem Ähnlichkeits-Prinzip hatte Hahnemann viele Menschen geheilt und damit vielleicht sogar die Medizin der Zukunft erfunden.

Bei der Homöopathie werden die Wirkstoffe in einem aufwendigen Verfahren verdünnt. Ab einer bestimmten Verdünnungsstufe ist mit an Sicherheit grenzender Wahrscheinlichkeit kein Molekül der Ausgangssubstanz mehr in der Lösung enthalten. Nach Vorstellung der Homöopathen aber ist die Information des Wirkstoffes (seine Schwingungen) im jeweiligen Trägerstoff gespeichert! Führt man dem Körper ein homöopathisches Medikament zu, regt es Zellmembranen und Zellanteile des Organismus zum Mitschwingen an (Resonanz). Durch Interferenzphänomene können dann krankhaft veränderte Schwingungsmuster normalisiert werden. Diese energetische Wirkung eines Stoffes nimmt mit zunehmender Verdünnungsstufe sogar noch zu (Potenzierung). Gleichzeitig nimmt die chemisch-materielle, möglicherweise toxische Wirkung ab.

Die Kenntnisse der Homöopathie werden heute immer mehr auch bei Krankheiten der Tiere eingesetzt. Grosse Erfolge kann die Homöopathie bei chronischen Krankheiten verzeichnen. Sie ist aber auch bei akuten Erkrankungen und bei der Unterstützung einer schulmedizinischen Therapie angebracht. Der Homöopath behandelt das kranke Tier als »Ganzes« und nicht nur dessen Symptome. Die Krankheit darf nicht als ein isolierter Prozess an einem Körperteil betrachtet werden. Eine gute Zusammenarbeit mit einem Tierarzt im Sinne einer gegenseitigen Ergänzung ist deshalb sicher sinnvoll und begrüssenswert.

Durch das Studium der Tierhomöopathie habe ich mir Kenntnisse erworben, die es mir ermöglichen, eine effektive Therapie der Krankheiten bei Hunden, Katzen und Pferden nach den Regeln der Homöopathie durchzuführen. Bei unserem grossen Tierpark konnte ich das Erlernte auch rasch anwenden. Die grossartigen Erfolge bei den eigenen Tieren haben mir bewiesen, dass ich auf dem richtigen Weg bin. Die Homöopathie hat mich vollends gepackt und wird mich sicher ein Leben lang begleiten!

Die Allergien meiner Hunde hatte ich rasch im Griff und vor den jährlichen Impfreaktionen musste ich mir nun keine Sorgen mehr machen. In den Sommermonaten konnte plötzlich Phönix von einer Stunde auf die andere kaum mehr gehen und jeder Schritt wurde von lautem Aufjaulen begleitet. Beim Tierarzt wurde er geröntgt – ohne Befund. Dann beschlich uns die Befürchtung, dass ein Zeckenbiss dies ausgelöst hätte, aber zum Glück war auch der Bluttest auf Borreliose negativ. Die Schmerzmittel des Tierarztes halfen nichts. Daraufhin hatte ich das Gefühl, die Beschwerden könnten durch Zug ausgelöst worden sein und behandelte Phönix mit einem homöopathischen Mittel. Eine Stunde später lief er wieder umher und der ganze Spuk war vorbei!

Freunde und Bekannte fragten mich öfters um Rat und nachdem eine zuckerkranke Katze, die täglich eine Insulinspritze erhalten sollte, nach meiner Behandlung wieder vollständig gesund wurde, war für mich klar, dass ich in diesem Bereich auf jeden Fall weitermachen musste. Samuel Hahnemann hatte uns vielleicht wirklich mit seinen homöopathischen Lehren die Medizin der Zukunft geschenkt. Klar, auch die Homöopathie stösst bei tiefliegenden, unheilbaren Krankheiten an ihre Grenzen, aber mit ihrer Hilfe kann bei diesen Tieren doch auf jeden Fall die Lebensqualität erheblich verbessert werden.

Von meinen tierischen Patienten ist mir in dieser Zeit ein siebenjähriger brauner Riesenschnauzer ganz speziell ans Herz gewachsen. Er kam zu mir mit einer Autoimmunerkrankung, Zusammenbruch des Immunsystems, Unterfunktion der Schilddrüsse und einem Kreuzbandriss. Der behandelnde Tierarzt gab den Besitzern kaum Hoffnung für ein Überleben. Als »letzter Strohhalm« wurde ich in diesem Fall aktiv – und der Rüde hat überlebt. Es geht ihm heute hervorragend und er geniesst sein neues Hundeleben in vollen Zügen.

Wunderbare Erfolge hatte ich auch bei kranken oder unsauberen Katzen, Hunden mit Gelenkproblemen und bei einem Pferd, dass nur Männer reiten liess und sämtliche Frauen im hohen Bogen runterschmiss. Ein junger Husky durfte nach einer homöopathischen Behandlung sogar sein Auge behalten. Er erkrankte an Glaukom (Grüner Star) und zwar so schlimm, dass der Tierarzt ihm ein Auge entfernen wollte.

Oft kann ich es kaum selber glauben, dass ein gut gewähltes homöopathisches Mittel solche Wunder vollbringen kann und sogar seelische Probleme löst. Die Besitzer berichten mir dann glücklich, sie hätten ein vollkommen neues Tier.

Ein grosses Anliegen ist mir auch die Gesundheit der älteren Haustiere. Hier gibt uns die Homöopathie Mittel und Möglichkeiten in die Hände, damit diese Tiere ihren Lebensabend bei guter Gesundheit geniessen können. Ganz wichtig scheint mir, dass schon beim kleinsten Anzeichen einer Krankheit reagiert wird, bevor evtl. eine tiefliegende Organschädigung daraus entsteht.

Endlich wird es wieder Herbst

Es gibt Menschen, die um die halbe Welt fliegen, um etwas Spannendes zu erleben. Mir bringt jeder Tag irgendein aufregendes Erlebnis, dafür sorgen meine Huskies schon!

Obwohl der Sommer lang und warm war, waren wir schon bald wieder auf drei langen Trainingseinheiten pro Woche und meine Hunde legten wieder eine ordentliche Geschwindigkeit hin. Aber wie das so ist, auch ich fahre ab und zu mit grossem Ärger im Bauch los. An diesem Morgen testeten meine Teenagergirls, wie viel nötig war, damit die Mutter in die »Luft geht«. Eigentlich sollte man dann die Hunde gar nicht verladen und besser zu Hause bleiben. Nun stand ich aber doch auf dem Trainingswagen und meine Gedanken beschäftigten sich immer noch mit den Kindern. Ich war überhaupt nicht bei der Sache und hätte das Training wohl besser ausfallen lassen. Auf jeden Fall geschah, was mir mit dem Trainingswagen noch nie passiert ist: In einer leichten und einfach zu fahrenden Kurve spickte es mich ohne Vorwarnung samt dem Wagen eine Böschung hinunter. Als pflichtbewusster Musher lässt man sein Gefährt nie aus den Händen, nur bei grösster Lebensgefahr. Meine Huskies standen noch auf dem Weg und ich hing ganz unglücklich unter dem Wagen an der Böschung und mein Mund war schon ziemlich gefüllt mit Walderde. Mühsam kroch ich hervor und gab dem Leithund den Befehl, mich hochzuziehen. Doch der schwere Trainingswagen zusammen mit meinem Gewicht erfreute die Hunde gar nicht und sie dachten nicht daran, sich zu bewegen. Also musste ich absteigen und versuchen, den Tieren mit Anstossen behilflich zu sein. Prima, das funktionierte hervorragend. Kaum stand der Wagen wieder auf dem Trail, spurteten sie aber mit gestrecktem Galopp weiter und ich hinterher, um den Anschluss nicht zu verpassen! Als ich endlich wieder dort stand, wo ich hingehörte, stellte ich fest, dass sich meine geliebte Mütze nicht mehr auf dem Kopf befand. Also wurde das Schlittenhundegespann wieder gewendet, Spurt zurück und an der Unfallstelle sicherte ich die Hunde und kletterte nochmals die Waldböschung herab. Wie vermutet, lag der Hut zwischen den Tannen. Nach so viel Ärger entschieden wir uns, die Trainingsstrecke nochmals in der anderen Richtung abzufahren und jetzt natürlich mit voller Konzentration. Nun konnte ich die Fahrt endlich geniessen!

Immer wenn es kälter wird, sind die Huskies wie aufgedreht und oft sieht man ihnen schon an den Augen an, dass sie wieder etwas aushecken. Am nächsten Tag zeigten sie mir wieder einmal, was »Teamwork« heisst. Nachdem unser Garten neu eingezäunt worden war, schien es unmöglich, unser Terrain noch irgendwie zu verlassen. Ha, ha, da hatte ich aber die Ideen meiner Freunde wieder kräftig unterschätzt! Sie buddelten sich ein Loch unter dem Gartenhaus hindurch, kamen so in die huskyfreie Zone und erkundeten unseren Swimmingpool. Aber ich hatte Glück und die Ausreisser konnten zurückgepfiffen werden und das Schlupfloch zugeschaufelt.

Wenn ich im Garten arbeite, habe ich oft das Gefühl, dass mich sechs Augenpaare immer beobachten und sich so genau merken, wo noch eine Schwachstelle wäre, um einen erneuten Ausflug zu planen. Manchmal glaube ich, dass mich meine Hunde noch frühzeitig ins Grab bringen werden.

Es war Montag und eigentlich kalt genug für ein Training. Aber da in unserer Gegend dreimal wöchentlich die Jagd offen ist, müssen wir die Trainings oft auf die jagdfreien Tage verlegen, damit wir nicht in die Schusslinie kommen. So sass ich halt gemütlich am Wohnstubentisch und steckte meine Nase in Bücher. Ich hatte mir vorgenommen, in diesem Jahr noch die Prüfung in der Tierhomöopathie abzulegen, aber mir wurde es schier übel, denn da lagen noch kleine Matterhörner an mit Wissen vollgestopftem Papier vor mir auf dem Tisch, die in den Kopf hineingepackt werden sollten. Ab und zu schaute ich zum Fenster hinaus und wartete auf einen Geistesblitz. Der kam, und zwar ganz unerwartet, denn plötzlich sah ich hinter unserem Pool ein geringeltes weisses Schwänzchen vorbeispazieren. Wem gehörte denn das? Katzen haben doch nicht so lange Schwänze ...? Herrje! Dahinter kam noch ein braunes ... was war denn hier schon wieder geschehen? Wie eine Rakete flitzte ich ab in den Garten und ich konnte es kaum fassen, denn diesmal spazierte die ganze Huskybande um unseren Pool herum.

Zum Glück gehorchten meine Hunde und liefen gemütlich wieder zurück. Nach diesem erneuten unerwünschten Spaziergang stellten wir nochmals ein paar Zaunelemente auf, um nun wirklich alle Schwachstellen zu schliessen.

Oft werde ich auch gefragt ob ich mit den Schlittenhunden eigentlich Geld verdienen könne. Meine Antwort dazu ist ganz klar nein. Ich möchte das auch nicht, denn ich bin prinzipiell dagegen, wenn mit Tieren Geld verdient wird. Klar, auch wir bieten einige Sachen und kleinere Events mit unseren Tieren an, aber unter dem Strich, streng nach Buchhaltung, würde diese Rechnung nie aufgehen. Wenn ein kleiner Betrag in die Futter- oder Tierarztkasse fliesst, freuen wir uns natürlich immer, aber viel glücklicher machen mich lachende Augen und strahlende Gesichter. Ich versuche, die Huskies und den Schlittenhundesport allen Interessierten näher zu bringen. Vielfach sind es gerade jene Menschen, die nicht auf Rosen gebettet sind – und eben Kinder. Schlittenhundeevents für Leute anzubieten, die sowieso nicht mehr wissen, wie sie ihr Geld verprassen könnten, das wäre nicht meine Sache. Ausserdem sind mir meine Hunde dafür zu schade!

Die ganze Entwicklung im Schlittenhundesport mit den Preisgeldern und Sponsoren gefällt mir überhaupt nicht. Tiere sind schliesslich Mitbewohner auf diesem Planeten und nicht Gegenstände, die nur zu unserem Nutzen eingesetzt werden sollten. Wenn ich dann noch lese oder mit eigenen Augen sehe, wie Musher ihre ganzen Teams fast so fleissig wechseln wie die Unterhosen, dann stehen mir die Haare wirklich zu Berge!

Das soll nicht heissen, dass ich grundsätzlich gegen Schlittenhunderennen bin, überhaupt nicht, solange es den Hunden Spass macht und sich in einem vertretbaren Rahmen abspielt. Wenn wir zwischendurch einmal einen Preis gewinnen, dann bekommt dieser immer einen Ehrenplatz und erfreut die ganze Familie. Und wenn ich ehrlich bin: Welcher Musher träumt nicht vom Iditarod? Nur einmal dabei sein und dieses Feeling erleben, das wäre sicher toll!

Tierisch gute Gespräche

Ganz spontan meldete ich mich eines Tages auf ein Inserat in einer Tierzeitschrift. Eine Frau pries sich als Tierkommunikatorin an und das weckte sofort mein Interesse. Bis jetzt hatte ich mit solchen Dingen absolut nichts am Hut gehabt. Ich bin eher ein Mensch, der nur das glaubt, was er schwarz auf weiss geschrieben sieht. Aber die Neugierde war grösser. Ausserdem interessierte es mich brennend, was meine Huskyherren wohl so denken und fühlen. Auch war ich immer noch auf der Suche nach der Ursache, warum Polaris Steine frass. Dieses tolle Tier lief jetzt schon seit Monaten mit dem Maulkorb umher und sah mich mit traurigen Augen an. Ich spürte ganz genau, dass er nicht glücklich war, aber den Mut, ihm den Korb abzuziehen, den hatte ich bis jetzt noch nicht gefunden.

Meine E-Mail wurde prompt beantwortet und kurz darauf bekam ich die Gespräche mit meinen Hunden zugeschickt. Die ganze Familie war platt, denn diese Frau kannte weder uns, noch die Wohnsituation und unsere Hunde – nur Fotos. All unsere Fragen wurden beantwortet und wir waren um eine grosse Erfahrung reicher geworden.

Der Tierkommunikatorin zufolge hatte unser Polaris seine gewünschte Stellung im Rudel noch nicht gefunden und fühlte sich irgendwie »anders«. Mit dem Steinefressen versuchte er, die nötige »Schwere« zu bekommen, um akzeptiert zu werden. Phönix teilte uns mit, sein grösster Wunsch sei es, einmal einen Lorbeerkranz zu gewinnen und dass er im Rudel an zweiter Position stehe, die Jungen aber ihm nicht immer gehorchen würden, was sehr ärgerlich sei. Timo beklagte sich über das Futter und meinte, er hätte lieber alle Tage Teigwaren und er liebe es sehr, am Kopf gestreichelt zu werden. Waiko erzählte, dass er es über alles liebe, mir seinen Kopf auf die Füsse zu legen und dass er im Team der »aufgehende Stern sei«. Unser Whisky beklagte sich, dass Nachbars Katze immer am Fenster sitze und zu ihm hinüberschaue. Er erzählte uns auch, dass es ihm grosse Freude bereite, uns zum Lachen zu bringen. Stavros zeigte sich, wie er das Rudel als Chef führe und gerne auf einem grünen Sofa liege. All diese Angaben stimmten damit überein, wie wir unsere Tiere wahrnahmen.

Wie die telepathische Kommunikation wirklich funktioniert, versuchte ich später mit dem Lesen vieler Bücher zu begreifen. Der Zugang ist mir bis heute nicht geglückt, aber irgendwie habe ich trotzdem das Gefühl, meine Hunde seit diesem Erlebnis besser zu verstehen. Mit jener interessanten Frau stehe ich noch heute per Internet in Kontakt. Eine persönliche Begegnung hatten wir nie, aber das macht wohl diese Beziehung so speziell. Ich gebe ihr Tipps, wenn ihre Tiere erkranken und sie spricht mit meinen Huskies, wenn etwas nicht stimmt.

Seit einiger Zeit arbeiten wir auch zusammen, indem sie mit kranken Tieren spricht und mir so genaue Angaben zur Erkrankung machen kann, die mir dann für die homöopathische Beratung sehr hilfreich sein können.

Extratipp

Bei Unfällen oder Verletzungen dem Tier als Erstes das homöopathische Mittel Arnica verabreichen.

SCHNEE, SOWEIT DAS AUGE REICHT

Seit Weihnachten war unser märchenhafter Schneetrail wieder offen und wir kamen in diesem Winter wirklich in den Genuss, viele Schneekilometer zu fahren. Obwohl wir den Trail so gut wie unsere Hosentasche kennen, geschehen immer wieder Dinge, bei denen ich jeweils sehr froh war, einen Doghandler bei mir zu haben.

Ab und zu vergessen die angrenzenden Bauern, ihre Hofhunde zu den Trainingszeiten ins Haus zu nehmen. Prompt kommen diese bellend angerannt und versuchen, es mit den Schlittenhundegespannen aufzunehmen. Meine Hunde reagieren so, dass sie wie angewurzelt stehen bleiben und überhaupt nicht mehr auf meine Befehle hören, bis der Doghandler den Leithund mit gutem Zureden zum Weiterbewegen bringen kann. In diesem Winter begleitete mich meine jüngere Tochter und wir hatten viele schöne gemeinsame Ausfahrten.

Seit Jahren trainiere ich meine Hunde. Stundenlang fahren wir unsere Spuren durch die Wälder und geniessen dazu die unberührte Natur. Ich bin überzeugt, dass Tiere das Leben viel vernünftiger als die Menschen angehen. Wir Zweibeiner setzen uns ohne zwingenden Grund viel zu sehr unter Druck und die Quittung der Hunde dafür kommt dann meistens postwendend!

Anfangs Februar fuhr unsere ganze Familie ins Engadin, um an den Schweizer Meisterschaften teilzunehmen. Schon lange hegte ich den Wunsch, einmal mit dem Schlittenhundegespann über diese Seen fahren zu können. Die lange Anfahrt fanden unsere Huskies sogar toll, denn sie konnten öfters an ihnen unbekannten Plätzen einen Halt einschalten und somit die neugierigen Hundenasen befriedigen. Am Nachmittag kamen wir an und fuhren zuerst nach Maloja, wo wir unsere Hotelzimmer bezogen. Kurze Zeit später erfolgte ein absolut zirkusreifer Akt: Sechs Hunde über die total vereisten Wege spazieren führen, ohne dauernd auf dem Allerwertesten zu landen!

Nebenbei sei noch erwähnt, dass ich mir bei diesen Ausflügen mehr blaue Flecken geholt habe als beim Rennen. Beim Mushermeeting am Abend waren dann Geduld und gutes Stehvermögen gefragt, denn die Sitzplätze waren rar. Nach der Orientierung fuhren wir wieder zurück ins Hotel. Unsere Hunde mussten das erste Mal im Hundetransporter schlafen. Die Zimmer lagen direkt über dem Parkplatz. Trotz der eisigen Kälte öffneten wir während der Nacht die Fenster. Die Huskies benahmen sich jedoch vorbildlich und schliefen bestimmt viel besser als wir. Na ja, Frischluft soll gesund sein, und von der bekamen wir in den nächsten Tagen noch reichlich!

Mein Team bekam an beiden Renntagen eine späte Startzeit und somit stand uns viel Zeit zur Verfügung, um das Renngelände zu inspizieren. Die Futterwerbungen waren wirklich beeindruckend, nur schade, dass die Hunde selber nicht lesen konnten. Ich bin zum Glück immun gegen solche Sachen, denn ich würde aus Prinzip nie als Plakatsäule umherlaufen. Ausserdem: Was nützt all die Futterwerbung, wenn der Leithund nichts frisst? Wir kämpften nämlich mit ganz anderen Problemen. Unser Leithund war so nervös und aufgeregt, dass er seit der Abreise jedes Futter verweigerte. Am Samstagabend liessen wir ihm in der Hotelküche sogar »Nudeln«, zubereiten, in der Hoffnung, dass diese wenigstens gefressen würden. Hundefutter und Frischfleisch liess Timo nämlich unberührt stehen. Aber auch die vom Koch mit viel Liebe zubereiteten Teigwaren wurden nicht einmal angeschaut. Krank war er nicht, aber es passte ihm einfach nicht, in einer ihm ungewohnten Umgebung zu essen – und das zeigte er uns mit einer grossen Beharrlichkeit!

Am Sonntag suchten wir vor dem Start zum zweiten Lauf die Platztierärztin auf. Ich wollte mich erkundigen, ob ein Start so überhaupt noch möglich sei. Da der Husky wenigstens genügend getrunken hatte, bekamen wir das OK. Der zweite Lauf war dann wirklich »der Hammer«, denn ich hatte sooooooo viel Zeit, die wunderschöne Gegend zu bewundern. Zudem war unser Gespann bei den Zuschauern eine richtige Attraktion. Unterwegs wurden wir an jeder Kreuzung und Kurve fotografiert. Mein Team fand das lässig, blieb jedes Mal nett stehen und alle sechs Hunde lächelten freundlich in die Kameras. Meinem Leithund fehlten ganz klar die nötigen Kalorien und jede Pause und Ablenkung war ihm willkommen. Während der ganzen Fahrt bestand meine Arbeit darin, das Team herunterzubremsen, damit die hinteren Hunde nicht unserem Timo auflaufen konnten. Ein

Leinengewirr hätte fatale Folgen gehabt, denn Ankern auf dem gefrorenen See wäre wohl ein Ding der Unmöglichkeit gewesen. Irgendwann erreichte auch unser Gespann glücklich und zufrieden die Ziellinie. Das Erstaunlichste war aber, dass es noch langsamere Teams auf der Strecke gegeben hatte und wir nicht einmal das Schlusslicht der Rangliste bildeten. Trotz allem war dies ein wunderbares Erlebnis. Wieder zu Hause frass Timo, also ob nichts gewesen wäre und stimmte im Garten sofort den Huskysong an.

Extratipp

Ein Teelöffel Apfelessig ins tägliche Futter verhindert gefährliche Harnstoffablagerungen in den Gelenken, die in fortgeschrittenem Alter zu Rheuma führen können.

Sabotage?

Wieder stand ein Training auf unserem Haustrail an. Ganz nervös stampften meine Huskies ihre Pfoten in den Schnee. Endlich war es soweit, und die bellenden, vor Aufregung und Freude schier ausrastenden, pelzigen Freunde konnten den Start kaum erwarten. Nachdem ich den Schlitten gelöst hatte und der Anker versorgt war, schoss mein Team wie ein Pfeil Richtung Trail. Dummerweise befand ich mich aber immer noch an der gleichen Stelle! Mein Herz raste und es lief mir kalt den Rücken hinunter. Nein, nicht schon wieder! Sofort hinterher! Zusammen mit meiner Tochter rannte ich nun über die Loipe, so schnell wie uns die Füsse trugen. Doch wer schon einmal gesehen hat, mit welcher Geschwindigkeit Schlittenhunde davonrennen, weiss, wie aussichtslos diese Aufholjagd war. Innerlich hoffte ich immer noch, dass der Leithund wenden und das Team zum Ausgangspunkt zurückbringen würde. Da lagen jedoch wohl bessere Düfte in der Luft und meine Hunde zogen es vor, diesen zu folgen – und zwar direkt über die Hauptstrasse ins nächste Dorf. Drei Jungs auf ihren Mofas kamen dem Gespann entgegen und geistesgegenwärtig griffen sie sofort ein und konnten die Hunde stoppen und anbinden. Ich hingegen wusste von diesen Geschehnissen noch nichts und rannte immer noch über die Loipe und mein Polarfleece klebte schon wie eine zweite Haut am Körper, so durchschwitzt war ich unterdessen. Es hiess wieder einmal, verdammt hart gegen mich selber zu sein. Die Kräfte, die ich in einer solchen Situation mobilisieren kann, sind mir selbst schon fast unheimlich.

Da heutzutage fast alle Erdenbewohner mit einem Handy ausgerüstet sind, wurde in Windeseile das ganze Dorf alarmiert. Aus allen Richtungen kamen die Menschen und suchten mich. Eine Bäuerin fuhr mir dann entgegen, lud mich auf und brachte mich endlich zu den vermissten Hunden. Da standen die Huskies, mitten auf dem Dorfplatz, umringt von einem Menschenauflauf. Es gab eine freudige Begrüssung, denn auch die Hunde waren richtig froh, mich endlich wiederzusehen und tröstend leckten sie über mein verschwitztes Gesicht. Der älteste Hund, Stavros, hatte sich aber bei diesem Rennen in den Leinen verwickelt und war von den anderen mitgezogen worden. Nun waren seine Pfoten aufgeschürft und an den Vorderläufen hatte er schlimme Fleischwunden bis hinunter auf die Knochen. Der arme Kerl! Rasch verlud ich die Tiere, bedankte mich und fuhr gleich zur nächsten Tierklinik. Dort mussten die gerissenen Sehnen genäht und die Pfoten gesäubert werden.

Erst am späten Abend inspizierte ich zusammen mit meinem Mann den Unfallschlitten. Das Hauptseil, das vom Schlitten abging und an dem alles angehängt ist, war gerissen. Nicht etwa durchgewetzt oder ausgefranst, sondern ein präziser, messerscharfer Schnitt! Ein eigenartiges Gefühl beschlich mich und mein Gatte sprach aus, was ich gar nicht zu denken wagte: »Ganz klar Sabotage!«

Wer, wie, wann, wo und warum nur? Das wird wahrscheinlich immer ungeklärt bleiben. Diese Welt ist voller Grausamkeiten und der Gedanke, was sonst noch alles hätte geschehen können, liess mich noch mehr erschaudern.

Es dauerte mehrere Wochen, bis Stavros' Verletzungen richtig ausgeheilt waren und er wieder rennen konnte. Wir machen aber weiter! Zwar noch vorsichtiger und misstrauischer, aber immer noch mit einer riesigen Freude im Herzen. Nach diesem Erlebnis kostete es mich sehr viel Überwindung und Kraft, mich wieder auf den Schlitten zu stellen. Aber die Sehnsucht, mit meinen Schlittenhunden durch die weisse Kälte zu fahren, war viel grösser und siegte!

Nicht nur schlechte Erlebnisse!

Wer mit Schlittenhunden arbeitet und zusammen lebt weiss, dass oft Dinge geschehen, die eigentlich nie passieren dürften. Irgendwie steht man mit einem Fuss immer am Abgrund. Das scheint aber in diesem Sport gerade das »Salz« in der Suppe zu sein.

Huskies sind Tiere, die nicht auf Knopfdruck reagieren und das macht das Mushen ja so spannend. Natürlich gibt es ganz viele Trainings, bei denen alles stimmt und nichts Aussergewöhnliches geschieht. Unsere Hunde leben nicht in einem Zwinger und ich verbringe auch ausserhalb den Trainings sehr viel Zeit mit ihnen zusammen. Immer wieder plane ich neue Aktivitäten und im nächsten Winter versuchen wir es mit Schneeschuhtouren. Das Schlittenfahren bei wunderschönen Verhältnissen bedeutet natürlich die »Sahne auf dem Kuchen«, aber es gibt unzählige andere Möglichkeiten, um das Leben mit Schlittenhunden zu geniessen. Jeder Tag, den ich mit meinen Hunden verbringen kann ist positiv!

Extratipp
Der tägliche Löffel Karottensaft beugt Parasitenbefall im Darm vor.

SIRIUS UND SOKRATES

Die Zeit heilt alle Wunden und schon bald kam erneut der Wunsch, unser Team ein letztes Mal zu vergrössern. Mit diesem Gedanken stiess ich jedoch bei meinem Gatten absolut auf Granit, kein Gehör, kein Verständnis, jetzt ist endgültig Schluss. Ob ich mich vielleicht erneut durchsetzen könnte? Einen Versuch war es auf jeden Fall wert. Vorsichtig streckte ich meine Fühler aus und liess mich bei einem Schweizer Züchter auf die Warteliste setzen.

Zwei Hunde mehr würde dann auch bedeuten, dass der jetzige Hundetransporter durch einen grösseren ersetzt werden müsste. Da stand wieder einmal eine grosse finanzielle Angelegenheit vor der Tür. Alleine könnte ich dies nie bezahlen, es blieb wirklich nichts anderes übrig, als meinen Mann von dieser Sache zu überzeugen. Den Anhänger konnte ich ihm noch plausibel machen, denn schon länger liebäugelte ich mit einem grösseren Gefährt mit Einzelboxen. Wenn ich alleine unterwegs war, war es für mich immer schwierig, die Hunde aus den Boxen zu nehmen, denn sie benahmen sich so wild, dass mir stets die Angst im Nacken sass, dass einer davonrennen könnte. Widerwillig stimmte mein Mann zu. Ich versuchte, den kleinen Anhänger zu verkaufen. Leider meldete sich auf meine Inserate niemand und wir machten uns Platzsorgen, denn zwei solcher Gefährte würden wir nie unterbringen können. Wir einigten uns deshalb, den alten Anhänger auseinander zu nehmen und mit neuen Boxen auf einem neutralen grossen Anhänger zu ergänzen. Diese Lösung schien uns unter den gegebenen Umständen die beste zu sein.

Meinem Ehemann wagte ich nun auch zuzugeben, dass ich mich für zwei kleine Huskies angemeldet hätte. Er konnte die Welt nicht mehr verstehen und wir stritten mehrere Wochen lang immer wieder wegen dieser Anschaffung. Widerwillig und unter Knurren kam dann doch das männliche Einverständnis, denn da bei meinem Gatte eine berufliche Veränderung anstand, die mich meinerseits nicht überglücklich machte, handelten wir mit den jungen Huskies einen gemeinsamen Deal aus. Kurz darauf erblickte der ersehnte Nachwuchs das

Licht der Welt und die ganze Familie freute sich riesig. Unser Züchter konnte sich jedoch nicht entscheiden, ob und an wen er die Hunde verkaufen wollte und diese Unsicherheit wollte ich nicht eingehen. Jetzt hatten wir endlich die Frage des Anhängers gelöst und ich sollte keine zusätzlichen Hunde bekommen. Das durfte auf keinen Fall geschehen! Sofort schaute ich mich bei ausländischen Züchtern um und wurde im Schwarzwald fündig. Nach einem Telefongespräch und einem Besuch war klar, wir durften zwei des letzten Wurfes adoptieren. Mehrmals fuhr die ganze Familie in den Schwarzwald, um Sirius und Sokrates zu besuchen und am 14. August 2004 zogen die beiden Brüder endlich bei uns ein. Damit die Integration im Rudel ohne Probleme über die Bühne gehen würde, hatten wir beim Nachhauseholen zwei unserer Hunde gleich mitgenommen – so konnte das Kennenlernen auf neutralem Terrain erfolgen.

Waiko und Whisky benahmen sich vom ersten Moment an vorbildlich und ohne Sorgen nahmen wir den Nachhauseweg unter die Räder. Die Akzeptanz im Rudel war vom ersten Augenblick an da und die Kleinen konnten schon ab der dritten Nacht draussen beim Rudel schlafen, ohne dass wir uns Sorgen machen mussten. Ich war natürlich riesig stolz auf meine Boys!

Es ist wunderschön zu sehen, wie Sirius und Sokrates aufwachsen und jeden Tag ein wenig mehr von ihrer Umwelt erkunden. Sie begleiten uns auch bei Einkäufen, Besuchen, Spaziergängen durch die Stadt, damit sie sich an alles gewöhnen und später wesensstarke Huskies sein können.

Das Leben mit acht Schlittenhunden macht nun auch meinem Mann grosse Freude und er hat die Kleinen sofort in sein Herz geschlossen. In den Züchtern aus dem Schwarzwald haben wir ganz tolle Menschen kennen gelernt, mit denen wir sicher in Zukunft ab und zu gemeinsame Trails befahren werden.

Unsere Familie ohne die Huskies, das könnten wir uns heute nicht mehr vorstellen! Ich träume immer noch vom Norden und hoffe, eines Tages wirklich einmal mit den Hunden dorthin zu ziehen. Doch auch am jetzigen Wohnort geniesse ich jeden Tag und immer wieder werde ich mit lustigen Huskyerlebnissen beglückt.

Ja, dieser Virus! Hat er sich einmal ins Fleisch gefressen, dann wird man ihn so schnell nicht mehr los …

Bonuskapitel:
Gesunde Hundeernährung

Im Mai 2013 habe ich von einem Tag auf den anderen, mein Leben komplett auf den Kopf gestellt. Körperliche Beschwerden und massives Übergewicht haben das Zepter in meinem Leben übernommen. So konnte es nicht mehr weiter gehen. Ich begann, mich für neue Ernährungsformen zu interessieren. Bald schwanden meine Kilos und die vermisste Lebensqualität kam zurück. Es folgten verschiedene Ausbildungen in Sachen Ernährung. Das Thema hat mich so gepackt, dass mir klar wurde, von diesem neuen Wissen müssen unbedingt auch meine Hunde profitieren.

Die Hundeernährung BARF hat mich schon länger begleitet. Mit grosser Begeisterung absolvierte ich bei Swanie Simon die Ausbildung zum
"Ernährungsberater Hund und Katze mit Schwerpunkt BARF".
BARF bedeutet Rohfütterung für domestizierte Fleischfresser wie Hunde und Katzen.
Der Tierhalter stellt die Rationen aus rohen Zutaten für das Haustier selbst zusammen. Verfüttert werden rohes Fleisch, Knochen und Innereien verschiedener Schlachttiere, sowie Gemüse, Obst und einige Futterzusätze.

Der Begriff BARF ist ein Akronym, das erstmals von der Kanadierin Debbie Tripp verwendet wurde, um Tierbesitzer zu bezeichnen, die ihre Hunde mit rohen Zutaten ernähren. Sie kürzte mit BARF die Bezeichnung "Born-Again Raw Feeders" (wiedergeborene Rohfütterung) ab.

In Deutschland machte Swanie Simon das Thema populär und etablierte die heute verbreitete Übersetzung "Biologisch Artgerechtes Rohes Futter."

Fleisch, Knochen, Knorpel, Innereien und Fette bilden die Grundlagen der Nahrung bei der BARF- Ernährung. Mit der Rohernährung versuchen wir ein Beutetier nachzubauen, sofern die nötigen Teile verfügbar sind. Das Beutetier liefert dem Hund Eiweiss, Fett, Vitamine, Mineralien und Spurenelemente. Bei der Erstellung eines Ernährungsplanes werden die verschiedenen Teile des Beutetieres in Gruppen unterteilt. Dies dient in erster Linie der Mengenberechnung.

Fleisch macht in der Ernährung des Hundes etwa die Hälfte des tierischen Futteranteils aus. Es ist jedoch zu beachten, dass nicht nur mageres Fleisch gefüttert wird, sondern Fleisch mit einem ordentlichen Anteil Fett (15-25%). Fett ist bei der Rohernährung der primäre Energielieferant. Zum Fleisch gehört alles an Muskelfleisch, Zunge, Kronfleisch (Zwerchfell) und weitere.

Die Innereien sind wichtige Vitaminlieferanten, z.B. liefert Leber viel Vitamin A. Pansen und Blättermagen gehören auch zu den Innereien, werden aber getrennt berechnet im Futterplan. Pansen hat ein optimales Calcium/Phosphor Verhältnis, einen guten Fettanteil und liefert Vitamine, Spurenelemente, gute Bakterien und pflegt die Zähne und das Zahnfleisch, da er sehr zäh ist und der Hund kräftig kauen muss, um ihn zu fressen. Knochen und Knorpel liefern Calcium ,Phosphor, Magnesium, Citrat, Kalium und Natrium.

Gemüse und Obst füttert man in erster Linie, um den Magen-Darm-Inhalt des Beutetieres zu ersetzen und für die Faserstoffe, die wichtig für die Darmpflege sind. Die Zellstruktur bei pflanzlichen Futtermitteln muss aufgeschlossen werden, da dem Hund die nötigen Enzyme dazu fehlen. Dies erreicht man, indem das Gemüse fein püriert oder leicht gedünstet wird. Nie füttern sollte man Avocados, Auberginen, rohe Bohnen, rohe Kartoffeln, Zwiebeln, Hülsenfrüchte, Rettich, Quitten und rohe Holunderbeeren. Nur in Kleinstmengen Tomaten (reif), Artischocken, Erbsen.

Soll Getreide gefüttert werden? Diese Frage ist auch heute noch sehr umstritten. Ich denke Getreide kann, muss aber nicht gefüttert werden. In bestimmten Fällen, sollte man auf Getreide sogar komplett verzichten, denn es gibt viele Hunde, die mit Getreide im Futter gar nicht zurechtkommen. Auf keinen Fall sollte Getreide bei Krankheiten wie Krebs, Allergien, Gelenkerkrankungen und Epilepsie gefüttert werden.

Doch wenn Getreide, welche sind empfehlenswert?

Besonders naturbelassene Getreidesorten wie Amaranth, Quinoa, Hirse und Dinkel. Gerste, Hafer, Polenta und Roggen sollten nur bei Verträglichkeit gefüttert werden. Folgende Getreidesorten sind glutenfrei: Amaranth, Buchweizen, Hirse, Mais, Quinoa und Reis.

Ich empfehle aber, Fleisch und Getreide bei der Fütterung zu trennen, denn das Mischen kann Blähungen oder andere Verdauungsstörungen verursachen, da Fleisch und Getreide unterschiedliche Verdauungszeiten haben.

Wie sieht es aus mit der Fütterung von Milchprodukten? Milchprodukte sind keine in der Natur vorkommenden Nahrungsmittel für Caniden, können aber eine gute, alternative Fett- und Eiweissquelle bei der Rohfütterung sein. Viele Hunde verfügen jedoch nicht über das Enzym Laktase, um die Milch im Körper abbauen zu können. Hunde, die vom Welpenalter an regelmässig Milch bekommen haben, vertragen Milch meistens sehr gut. Verträgt der Hund Kuhmilch nicht, dann wäre unbehandelte Ziegenmilch eine Alternative. Diese ist vitaminreich, fettreich und leicht verdaulich.

Hochwertige Milchprodukte wie Buttermilch, Joghurt oder Dickmilch, liefern zusätzlich noch lebende Kulturen, die dem Darm zugutekommen, vor allem nach Durchfallerkrankungen oder Antibiotikagaben.

Hart- und Weichkäse bieten auch eine Alternative zu gebackenen Hundeleckerlis. Quark ist sehr fettreich, wird gut vertragen und kann hilfreich sein bei Hautproblemen, oder um einem mageren Hund zur Gewichtszunahme zu verhelfen.

Wie schaut es aus mit Essensresten? Ein gesunder Hund verträgt fast jede Nahrung. Es spricht nichts dagegen, dem Hund ab und zu Essensreste zu verfüttern. Diese sollten jedoch nicht zu einem Grossteil der Hundenahrung werden. Vorsicht ist aber bei stark zuckerhaltigen Lebensmittel, stark gewürzten Gerichten oder Gerichten mit Zwiebeln geboten, da ist der Kompost die bessere Alternative. Für den Welpen gilt jedoch, keine Essensreste vor der 9. Woche.

Und immer wieder das Leckerli Problem!
Es gibt tolle Rezepte, Leckerlis mit gesunden Zutaten selber zu backen Auch eignen sich: Fleischwürfel, Käsewürfel, Trockenfleisch, Obst, Nüsse (keine Macadamia Nüsse, diese sind für den Hund extrem giftig!)... und nicht vergessen, diese Futtergaben im Ernährungsplan mit einzurechnen! Vor allem bei einem übergewichtigen Hund.

Berechnung und Erstellung des Futterplans, ohne Getreide:

Die im Futter enthaltenen Nährstoffe müssen zwei Aufgaben erfüllen; sie müssen den Energiebedarf des Tieren decken und ihm alle nötigen Nährstoffe liefern, die zur Erhaltung seiner Körperfunktionen sowie Wachstum, Bewegung, Fortpflanzung und Immunabwehr nötig sind.

Um einen einfachen Ernährungsplan zu erstellen, muss zuerst einmal die Gesamtfuttermenge berechnet werden. Als Ausgangspunkt wird beim Hund 2- 4 % des Körpergewichtes angegeben. Diese Gesamtmenge wird nun weiter unterteilt nach Futtermittelbestandteilen. Dies kann man für einen Tag oder eine ganze Woche berechnen.

Unterteilung:

80 % der Gesamtmenge besteht aus tierischen Erzeugnissen. Davon sind 50% durchwachsenes Muskelfleisch, 20% Pansen/ Blättermagen, 10% Innereien, 5% Leber und 15% Knochen (RFK, Knochen mit Fleisch, z.B. Hühnerhälse, Hühnerkarkassen usw.).

Die restlichen 20% der Gesamtfuttermenge sind pflanzliche Erzeugnisse, zusammengesetzt aus 75% Gemüse und 25% Obst. Bewährt hat sich eine Gemüseaufteilung von halb/halb grüner Salat und sonstiges Gemüse.

Die Zusammensetzung der Tagesration kann man individuell gestalten. Leber und Pansen zusammen in der selben Mahlzeit könnte aber zu Durchfall führen.

Bei magerem Fleisch müsste je nach Aktivität des Hundes noch die zusätzliche Fettgabe berechnet werden. Hier noch ein paar wichtige Grundsätze: Fett und Knochen nicht zusammen verfüttern, keine Knochen füttern vor einem geplanten Schlittenhundetraining. Ich füttere Knochen entweder abends oder an trainingsfreien Tagen.

Bei einem gesunden Hund sollte das Fleisch gestückelt und nicht gewolft angeboten werden, denn damit erreichen wir, dass auch genügend Magensäfte produziert werden.

Futterzusätze

Beim gesunden Hund eignet sich ein gutes Fischöl und Meeresalgen sowie 1 mal pro Woche etwas Salz, wenn das gefütterte Fleisch nur wenig Blut enthalten hat.

Je nach Gesundheitszustand und Alter des Hundes kann mit Nahrungsergänzungen, Kräutern usw. viel für dessen Gesundheit getan werden.

Ein wichtiges Thema für mich, die orale Toleranz!

Sehr viele Hunde leiden heute unter Allergien und Futtermittelunverträglichkeiten. Doch warum? Eine mögliche Erklärung dazu findet man im Begriff "orale Toleranz". Dieser Begriff beschreibt den Vorgang, bei dem der Magen-Darm-Trakt lernt, die aufgenommene Nahrung als Nährstoffe zu erkennen, damit keine allergische Reaktion erfolgt. Bei allen aufgenommenen Fremdstoffen wird unterschieden, ob sie potentiell gefährlich (Erreger) oder ungefährlich (Nährstoffe) sind. Durch verschiedene Lymphozyten, welche die Immunreaktion unterdrücken, bekommt das Immunsystem mit Hilfe bestimmter Botenstoffe die Information, die gelösten Moleküle der aufgenommenen Nahrung nicht anzugreifen. Wegen der hohen Antigenspezifität der oralen Toleranz findet eine Abwehr gegen Krankheitserreger trotzdem statt.

Die orale Toleranz verhindert also, dass ein Welpe, der gerade beginnt fremde Nahrung zu sich zu nehmen, allergische Reaktionen gegen diese Fremdstoffe entwickelt und sorgt dafür, dass er dennoch gegen Erreger geschützt ist.

Ein Welpe, der beginnt feste Nahrung zu sich zu nehmen und ein Fertigprodukt bekommt, der wird mit 20 bis 50 verschiedenen Nährstoffen auf einmal konfrontiert. Es dauert in der Regel einige Tage, bis sich eine orale Toleranz zu einem Nährstoff entwickelt und umso mehr verschiedene Nährstoffe gleichzeitig im Verdauungssystem ankommend desto wahrscheinlicher ist es,dass eine orale Toleranz nicht bei allen Nährstoffen erreicht wird, und seien wir doch einmal ehrlich, welcher Menschenmutter käme es in den Sinn ihrem Baby nach dem Stillen ein 5 Gänge-Menu zu füttern?

Auch hier wird langsam an feste Nahrung herangetastet mit dem Bananenbrei, dem Karottenbrei usw. Eigentlich ist es ein absoluter Unsinn, unseren Welpen nach der Muttermilch, ein fertiges Hundefutter zu offerieren. Ich würde meine Gedankenspinnerei sogar noch weiterführen und behaupten, dass ein Hund, der langsam an einzelne Nährmittel gewöhnt wurde, später auch ein Fertigfutter besser verträgt und weniger Allergien und Futtermittelunverträglichkeiten zeigt.

Lieber Leser, hat dich dieses Thema gepackt? Du möchtest noch viel mehr darüber erfahren?

Im 2018 werden entsprechende Onlinekurse folgen, die auf der HP www.lucky-nugget.ch ausgeschrieben werden

Auf Facebook findest du meine Gruppen: "Barf Pläne für Hund und Katze" und "Tierhomöopathie ".

Oder du schreibst mich direkt an und lässt dir einen massgeschneiderten Futterplan erstellen.

ANHANG

Nachfolgend lesen Sie die E-Mail Korrespondenz mit unserer Tierkommunikatorin – damit Sie aus erster Hand erfahren, was unsere Huskies gesagt haben! Meine eigenen Kommentare dazu sind in kursiver Schrift gedruckt.

Tierkommunikation mit Sirius und Sokrates

– denn es nahm uns doch Wunder, wie es den kleinen Huskies bei uns gefällt!

Liebe Jacky
also irgendwie hab ich es doch geschafft, mit deinen beiden Jünglingen in Verbindung zu treten, hier sind ihre Durchgaben:

SIRIUS

F: wie geht es dir, sirius?
A: es geht mir ausgezeichnet! ich bin ein mann von welt!
F: was bist du? wie kommst du denn darauf?
A: ach ich benehme mich so.

er ist der Charmeur im Huskyteam und benimmt sich wirklich wie ein Mann von Welt!

F: weisst du denn, was ein mann von welt ist?
A: »grinst« natürlich. ich finde mich in jeder situation zurecht. ich bin flexibel und offen für alles!

stimmt genau, er reagiert immer richtig. Vor kurzem schlüpfte er mir durchs Halsband und rannte im Wald alleine davon. Plötzlich machte er kehrt, sprang zurück und hüpfte selber in seine Hundebox und wartete dort brav bis ich kam und ihm das Halsband wieder anzog.

F: aha ... danke sirius. gefällt es dir da, wo du jetzt lebst ?
A: super. sehr gut. ist action hier, das mag ich! ich lerne sehr viel! ist interessant!

F: schön … wie kommst du mit den älteren kollegen aus?
A: kein problem. ich wickel sie alle um den finger. bis auf den stavros. der hat ein strengeres auge auf mich. aber sonst: alles prima. wir sind ein tolles team! macht spass! ich mache manchmal den clown!

ja, er schmust immer mit allen, nur um den Stavros macht er einen grossen Bogen. Wenn sie nicht mit ihm spielen wollen, dann rollt er sich über den Boden und spielt den Clown.

F: aha … gibt es einen kollegen, den du am liebsten magst, einfach so, von der art her?
A: den timo. timo mag ich sehr … aber ich mag alle.

er versucht am Abend immer den Platz neben Timo zu ergattern um dort zu schlafen.

F: schön.. und was denkst du von jacky?
A: »lächelt« sie hat was los! ist eine richtige dompteuse (zeigt eine frau umringt von vielen hunden). ich hab sie sehr lieb, sie ist richtig kuschelig. manchmal ist sie etwas streng … aber das geht vorbei.

ja, ich muss oft streng sein mit Sirius, denn er versucht den andern das Futter zu stehlen und will mir alle Teppiche anfressen. Das wird natürlich nicht akzeptiert!

F: aha … und was hältst du von der übrigen familie?
A: ach sind alle wunderbar. ich fühl mich sehr wohl hier! bin richtig glücklich. ich werde noch grosses leisten!!
F: ahja? bist du so ehrgeizig?
A: hm. naja wenn ich motiviert werde, schon. ich bin vor allem schnell. und ich habe viel kraft! und ich kann schnell denken. ich lerne schnell. ist so!

er lernt wirklich unglaublich schnell, scheint ein echter »Schnelldenker« zu sein!

F: ja das glaub ich dir … hast du einen wunsch, sirius?
A: zeigt sich in der küche und zeigt etwas wie topfdeckel.

hm, ich weiss, es interessiert ihn immer, was in den Pfannen »köcherlet«

F: ich verstehe nicht, bitte genauer, sirius?
A: bin gerne in der küche oder nahe der küche. mag das geklapper!
F: aha ... hast du sonst noch einen wunsch, den jacky dir erfüllen kann?
A: zeigt etwas wie ein spielzeug evtl. aus gummi in rot ... tiergestalt oder knochenform, glaube ich, aber auch ein ball ist durchgeflitzt.

tja, ist so eine Sache, einen schönen Ball hatte er, aber wenn alles auseinander genommen wird, dann ist halt Schluss mit Spielsachen ...

F: stört dich etwas, sirius ... möchtest du eine änderung?
A: ich schlafe gerne länger. ist da nicht so gut möglich!

ja, ja der Sokrates ist ein Frühaufsteher und als Erstes wird der Bruder geweckt zum Spielen.

F: sonst noch etwas?
A: ich verstecke manchmal dinge ...
F: und was stört dich dabei oder was willst du da geändert haben?
A: es stösst nicht immer auf beifall.

stösst gar nicht auf Beifall lieber Sirius, sämtliche Schuhe müssen wir immer im Garten suchen, mein Handy hat jetzt deine Zähne abgedrückt und sogar die Post, welche ich auf dem Tisch ab und zu deponiere, zerlegst du mir im Garten!!!

F: ja. kann ich mir vorstellen ... warum versteckst du dinge?
A: ach einfach zum spass. nehm sie mit und leg sie wohin. das ist alles. macht spass ...
F: verstehe ... hast du irgendwelche beschwerden, darf ich mich bitte in deinen körper fühlen, zeigst du mir?
A: oberkiefer links und rechts (im zahnfleisch) kein direkter schmerz aber empfindsam (zahnen??).

Er ist noch am Zahnen.

linke vorderpfote ... fühlt sich schwerer an ... (ist evtl. momentan, wie »eingeschlafen«).

ich kann gut riechen !

F: aha, danke sirius ... zeigst du mir bitte weiter ob dir etwas weh tut?

A: sein bauch ist etwas gefühlig (hatte er vor kurzem ein wenig magen/darm probleme?).

ja, der Teich ist gefroren und er isst oft ganze Eisstücke und hat dann ein »Gerumpel« im Bauch.

sonst hat mir sirius nichts gezeigt.

A: ich habe einen guten körper! und ich bin kerngesund! ich werde einmal der stärkste hier!

F: du hast ja viel vor. viel glück dazu, das wird jacky sicherlich freuen ...

F: möchtest du noch etwas an jacky sagen, sirius?

A: (ernst und zärtlich) ich finde dich wunderschön, und du kannst ruhig öfter mit mir knuddeln, das tut mir gut! ich kann einiges vertragen!

F: schön, danke sirius ... was denkst du denn von sokrates?

A: (gutmütig) ach ... er ist manchmal ein besserwisser, aber ich nehme ihn nicht so ernst. er ist schon in ordnung. er meint er sei besser als ich! ist er aber nicht.

ich habe auch schon bemerkt, dass Sirius den Sokrates nicht ernst nimmt, er läuft dann einfach davon und sucht die Gesellschaft eines anderen Hundes.

F: aha ... ihr seid beide sicher absolute spitze ... jacky möchte dir sagen, dass sie dich fest lieb hat und sehr froh ist, dass du bei ihr bist ... die ganze familie liebt dich und alle sind stolz auf dich, weil du dich so rasch und problemlos eingelebt hast. das hast du toll gemacht!

A: (stolz) ja. ich bin auch ein toller hund. war ein kinderspiel. ich bin bereit zu grossen taten!!!

F: sehr schön .... danke für das gespräch, sirius ... möchtest du noch etwas sagen?

A: zeigt eine dunkle (evtl. dunkelblaue?) mütze, die frau über den kopf gezogen hat: das ist seltsam. gefällt mir nicht so gut.

ja, Sirius, da ich die ganze Woche Ohrenweh hatte trug ich draussen wirklich eine (schreckliche) schwarze Mütze. Werde eine andere Farbe wählen (smile).

F: ok werde das weiterleiten, sirius, danke ...

xxxx

SOKRATES

F: wie geht es dir, sokrates?
A: super, sehr gut. man hätte mit mir zuerst sprechen sollen. ich bin der wichtigere von uns beiden!

Sokrates ist ein richtiger »Möchte gern gross«

F: das wusste ich nicht, tut mir leid. bin nach dem alphabet vorgegangen ...
A: ist schon gut... bin ja nicht so.... »lächelt«.
F: sokrates, wie gefällt es dir in deinem neuen zuhause?
A: ist ziemlich bevölkert hier, aber gefällt mir sehr gut! ich fühle mich sehr wohl, habe keine klagen!

klar, bei uns ist halt immer »Rambazamba«.

F: sehr gut. was denkst du denn von deinen älteren kollegen?
A: (überlegt) sie sind sehr in ordnung. sie helfen uns. und sie spielen mit uns. ich bin gerne bei und mit ihnen ...

er spielt fast den ganzen Tag mit dem ganzen Rudel und wird nie müde.
(anm. sokrates war nicht so »übersprudelnd« wie sirius, sondern ernster und überlegter)
er hat schon richtige »Denkerfalten« auf der Stirn ...

F: schön ... gibt es einen unter deinen älteren kollegen, den du besonders gerne magst?
A: phönix mag ich sehr gern ... aber ich mag sie alle ... wir gehören zusammen und wir zeigen das. ist wunderbar ... ich bin sehr froh ...

er versucht sich immer so richtig beim Phönix anzuschmiegen.

F: schön ... was denkst du denn von sirius?
A: (liebevoll) er ist ein kleiner schwerenöter, aber sehr charmant. man kann ihm nicht böse sein! er nimmt die welt leicht und denkt, sie dreht sich um ihn!
F: naja... er ist ja noch jung ... was denkst du denn von jacky?
A: (ernst und intensiv) ich liebe und verehre sie. sie hat wunderbare hände. und ihr essen ist sehr gut!

Danke, ich weiss, dass du sehr gerne isst und gestreichelt wirst. Sokrates kann man noch immer wie ein Baby rumtragen, er geniesst das sehr.

F: schön ... und was denkst du vom rest der familie?
A: »lächelt« alle spitze. wir sind eine riesige familie und wir haben es oft lustig! ich mag alle hier!
F: sehr gut ... hast du einen wunsch, den dir jacky erfüllen kann?
A: zeigt einen eimer mit wasser »nur für sich«.

kann ich gut verstehen, da er immer die Kurve nicht erwischt fliegt oft das Wassergeschirr durch die Luft und er muss sich dann den Durst in der Küche löschen. Getrockneter Fisch bekommt er nie, aber trockenes Brot liebt er sehr.

zeigt so etwas wie »getrockneten fisch« (???)
zeigt sich auf der seite auf dem boden liegend und eine frau neben sich die ihn knuddelt. sie riecht gut!

ja, am späten Abend wenn ich noch Fernseh schaue, liege ich oft am Boden und knuddle ihn.

F: danke sokrates... stört dich etwas, möchtest du eine änderung?
A: zeigt ein seil, das irgendwo herabhängt und das er »nicht versteht«.

zeigt etwas das aussieht wie ein maulwurfhügel (???)
zeigt einen hund, der ihm vor der nase etwas essbares wegschnappt.
ich mag wasser!

das Seil könnte die Joggingleine am Bauchgurt sein, die hängt hinunter bevor ich ihn anmache und er liebt diese Leine nicht, weil er sich immer darin verhängt und ich ihn dann wieder rauswickeln muss.
die Maulwurfhügel sind doch sicher die Erdbewegungen, die Sirius und Sokrates im Garten selber machen. Da der Boden zurzeit gefroren ist, konnte ich die ebene Fläche nicht mehr herstellen.
er kann die Goodis noch nicht fangen und oft ist ein anderer Hund schneller und schnappt es ihm weg.
Wasser sollte jedoch genügend rumstehen, Augen aufmachen Sokrates.

F: ok, danke sokrates.
hast du irgendwelche beschwerden, darf ich mich bitte in dich fühlen?
A: ich nehme meine aufgaben ernst und ich werde ein sehr verantwortungsbewusster hund werden! ich bin der geborene führer, denn ich bin weise und gelassen. ich überlege die dinge. und ich habe einen grossen sinn für gerechtigkeit!

dass er einmal ein Führer wird bezweifle ich gar nicht, er benimmt sich schon jetzt so ...

F: das ist sehr schön, sokrates.. da machst du ja deinem namen alle ehre!
A: »lächelt« namen sind nicht zufall. (würdevoll) ich bin noch jung, aber ich werde ein würdevoller hund werden. ich bin sehr besonders. und ich gebe acht.
F: danke sokrates ... zeigst du mir jetzt bitte ob du beschwerden hast?
A: so etwas wie »leichten muskelkater« um die schultern herum ditto seine oberschenkel.
leichtes »ziehen« in der rechten vorderpfote (evtl. nur momentan)
F: danke sokrates... wovon hast du muskelkater?

A: ach, ich war aktiv heute.

er ist nicht zu bremsen und den ganzen Tag in voller Bewegung.

F: ok ... danke ... gibt es etwas, das dir in deiner umgebung besonders gefällt oder dich beeindruckt?
A: zeigt gänse oder enten.

da es kein Laub mehr an den Bäumen hat, steht er oft am Zaun und schaut den Hühnern zu.

zeigt flugzeug (??)

kann ich mir jetzt nicht erklären, ja doch, über unser Haus führt eine Militärflugschneise, da donnert es schon ab und zu einmal am Himmel.

zeigt eine art von »reisigbesen«.

mit einem Besen wische ich die Blätter weg.

F: danke sokrates. möchtest du noch etwas an jacky sagen?
A: (ernst) ja. ich bin glücklich hier und ich werde mein bestes tun. das verspreche ich!
F: danke dir, sokrates ... jacky möchte dir sagen, dass sie dich sehr liebt und dass sie sehr froh ist, dass du bei ihr bist... alle lieben dich sehr! und alle sind stolz, dass du dich so schnell und problemlos eingelebt hast, das war toll!!
A: (ernst) ich bin ein vernünftiger hund und es war einfach, sich hier wohlzufühlen. ich bin am richtigen platz hier und ich bin glücklich.
F: danke für das gespräch, sokrates und alles gute!!!

xxx

ganz liebe grüssli
susi

Tierkommunikation & Bioenergetik
Susi Zelenka

»Wer Tiere quält, ist unbeseelt,
und Gottes guter Geist ihm fehlt.
Mag noch so vornehm drein er schauen,
man sollte niemals ihm vertrauen.«
(Goethe)

Druck:
Customized Business Services GmbH
im Auftrag der
KNV Zeitfracht GmbH
Ein Unternehmen der Zeitfracht - Gruppe
Ferdinand-Jühlke-Str. 7
99095 Erfurt